DIOGO DE VASCONCELOS:
O OFÍCIO DO HISTORIADOR

Coleção Historiografia
de Minas Gerais

Série Universidade

3

DIOGO DE VASCONCELOS
O OFÍCIO DO HISTORIADOR

Organizadores
Adriana Romeiro
Marco Antonio Silveira

autêntica

Copyright © 2014 Os organizadores
Copyright © 2014 Autêntica Editora

Todos os direitos reservados pela Autêntica Editora. Nenhuma parte desta publicação poderá ser reproduzida, seja por meios mecânicos, eletrônicos, seja via cópia xerográfica, sem a autorização prévia da Editora.

COORDENADORES DA COLEÇÃO
HISTORIOGRAFIA DE MINAS GERAIS
Francisco Eduardo de Andrade
Mariza Guerra de Andrade

CONSELHO EDITORIAL DA COLEÇÃO
HISTORIOGRAFIA DE MINAS GERAIS
Adriana Romeiro (UFMG)
Íris Kantor (USP)
Caio Boschi (PUC Minas)
Luciano Raposo de Almeida Figueiredo (UFF)

EDITORA RESPONSÁVEL
Rejane Dias

REVISÃO
Lúcia Assumpção

CAPA
Diogo Droschi (sobre imagens do Arquivo Público Municipal de Ouro Preto)

DIAGRAMAÇÃO
Christiane Morais de Oliveira

Dados Internacionais de Catalogação na Publicação (CIP)
(Câmara Brasileira do Livro, SP, Brasil)

Diogo de Vasconcelos : o ofício do historiador / organizadores Adriana Romeiro, Marco Antonio Silveira . -- 1. ed. -- Belo Horizonte : Autêntica Editora, 2014. -- (Coleção Historiografia de Minas Gerais, Série Universidade, 3)

Bibliografia
ISBN 978-85-8217-114-1

1. Historiadores - Minas Gerais 2. Instituto Histórico e Geográfico de Minas Gerais (IHGMG) - História 3. Minas Gerais - História 4. Vasconcelos, Diogo Luiz de Almeida Pereira de, 1843-1927 I. Romeiro, Adriana. II. Silveira, Marco Antonio. III. Série.

12-15699   CDD-981.51

Índices para catálogo sistemático:
1. Historiadores : Minas Gerais : Estado : História 981.51

Belo Horizonte
Rua Aimorés, 981, 8º andar . Funcionários
30140-071 . Belo Horizonte . MG
Tel.: (55 31) 3214-5700

Televendas: 0800 283 13 22
www.grupoautentica.com.br

São Paulo
Av. Paulista, 2.073, Conjunto Nacional,
Horsa I . 23º andar, Conj. 2.301 . Cerqueira César .
01311-940 . São Paulo . SP
Tel.: (55 11) 3034-4468

Sumário

Apresentação   7
Francisco Eduardo de Andrade
Mariza Guerra de Andrade

Convicções e coerências de um cultor de Clio   11
Caio Boschi

Diogo de Vasconcelos:
um historiador para as Minas Gerais   15
Adriana Romeiro

A "barca agitada no mar de Tiberíades"
e as fronteiras de Minas Gerais na
História de Diogo de Vasconcelos   43
Francisco Eduardo de Andrade

Diogo de Vasconcelos e a
"oficina central do pensamento"   71
Helena Miranda Mollo
Rodrigo Machado da Silva

Diogo de Vasconcelos e o patrimônio histórico   93
Ivana Parrela

Diogo de Vasconcelos e os demônios   115
Marco Antonio Silveira

Apresentação

Francisco Eduardo de Andrade
Mariza Guerra de Andrade

A coleção Historiografia de Minas Gerais, na sua série Universidade, apresenta, desta feita, o volume *Diogo de Vasconcelos: o ofício do historiador*, uma oportuna reunião de estudos acadêmicos sobre um autor primordial da moderna historiografia do território mineiro. O eixo está na atuação historiográfica de Diogo de Vasconcelos (1843-1927), artífice numa oficina feita de memórias, documentos escritos e traçado explicativo, que supôs o encontro das *raízes da civilização* no interior da América portuguesa.

Diogo de Vasconcelos, defensor de uma ordem civil inspirada numa temporalidade cristã, marcou as narrativas dos historiadores que se seguiram, constituindo uma matriz interpretativa do passado comum dos mineiros. Suas visadas, ainda, continuam estimulando ou sugerindo problemas, mesmo diante de uma constante reescrita das histórias de Minas.

Neste livro, o primeiro a propor uma compreensão ampla do ofício que tornou Diogo famoso, pretendeu-se refletir sobre o seu trabalho historiográfico, não para intentar sedimentações, conforme usos mais costumeiros, mas para inseri-lo no jogo polifônico de leitores diversos.

Salientamos que, a bem do leitor, atualizamos a ortografia de todos os trechos citados de textos de época deste livro.

Diogo de Vasconcelos (Foto cedida pelo Arquivo Público Mineiro).

Antigo solar de Diogo de Vasconcelos denominado "Água Limpa", Ouro Preto, s/d. Arquivo fotográfico do Instituto de Filosofia, Artes e Cultura (IFAC/UFOP).

Convicções e coerências
de um cultor de Clio

Caio Boschi

Os estudos respeitantes à historiografia, grosso modo, se expressam por balanços ou revisões bibliográficas, com recortes ou abordagens de variada natureza, seja sobre autores, seja sobre temas específicos, seja sobre a produção em determinado período, entre outras possibilidades. Estas, porém, não são a natureza dos textos reunidos na obra que ora se apresenta. Aqui, particulariza-se cultor específico. Quando a historiografia se exercita tendo como tema-objeto um de seus *operadores*, tudo indica que ela adquiriu ou caminha para adquirir maturidade e solidez. Assim, se outros méritos este livro não tivesse, ganharia relevo por ser dedicado à análise de autor e de obra seminais da historiografia mineira sobre o chamado período colonial.

Às constantes referências a Diogo Luís de Almeida Pereira de Vasconcelos (1843-1927) não corresponde, todavia, o conhecimento do protagonismo histórico desta multifacetada personagem. Advogado brilhante, a exemplo de alguns de seus ancestrais ilustres, como o bisavô Diogo Pereira Ribeiro de Vasconcelos; atuante jornalista, a exemplo do que se constata em periódicos como *A Província de Minas* e o *Jornal de Minas*; deputado, senador e agente executivo de Ouro Preto, ele é aqui objeto de estudos em torno de sua vertente mais conhecida, a de historiador, atividade à qual passou a se dedicar já avançado em anos, isto é, a partir de finais do Dezenove, no âmbito provocado pelas comemorações do bicentenário de Ouro Preto.

A opção pela pesquisa e pelos estudos históricos não significou seu distanciamento das demais atividades. De certa forma, poder-se-ia dizer que foi por elas motivada. Conservador por excelência, inabalável monarquista, católico fervoroso e *antimudancista*, com a implantação da República Diogo de Vasconcelos entendeu que a cidadania se estrutura e se expressa também pela consciência histórica que as pessoas possuem. A noção de memória se exercitando com(o) reverência ao passado. Daí seus estudos e pesquisas com vistas a delinear e difundir um *corpus* reflexivo sobre a consciência histórica e a *identidade coletiva* das Minas Gerais.

Para o denominado *Heródoto mineiro*, a operação e, principalmente, a produção historiográfica integram um projeto político. Bem sabia que, fundindo-se e confundindo-se com a memória, a história legitimava a nova ordem política em que se inseria. Nessa perspectiva, sua opção por projetar e dar início à redação de uma História de Minas Gerais buscava dar conta do passado, mas, em paralelo, compreender e influenciar a realidade em que vivia. Diogo pôs mãos à obra a partir de clara consciência histórica. Seu propósito era também – não apenas – o de, por meio dos estudos históricos, posicionar-se e dar resposta às inquietações dos homens diante das mudanças políticas que na altura se engendravam.

Em contexto federalista, onde o regionalismo ganhava e demandava explicações, Diogo buscou captar, para afirmar, as singularidades da terra natal. Não lhe era estranha a ideia de que as questões identitárias são tema privilegiado, se não primeiro, das historiografias. O mergulho vertical nas fontes, em particular, nos documentos escritos foi sua bússola no caminho da apreensão e da recuperação das *raízes da civilização* mineira. Fiel às suas convicções, ao universo informativo resultante do garimpo documental, agregou enfáticos juízos de valor. Fosse como fosse, o apuro na empreitada e a qualidade do que a partir dela produziu transformam-no, desde então, em autor incontornável sobre a história mineira e estudos correlatos.

Sem deixar de ser essencialmente narrativa, tal como à época se medrava, a obra historiográfica de Diogo de Vasconcelos se enriqueceu e é marcada também pelo traço explicativo ou, quando nada, compreensivo, dos fatos e do processo histórico. Seu labor é, simultaneamente, esforço de reconstituição histórica e tentativa de (re)constituição da memória social. É narrativa dos acontecimentos e intento de explicação. Demais, se não inova com a introdução de categorias explicativas ou analíticas, nem por isso Diogo deixou de cunhar adequadamente uma terminologia interpretativa de certos fenômenos históricos, como na sua percepção dos *motins do sertão*.

Este livro compreende cinco textos. Abre-o a análise de Adriana Romeiro sobre Vasconcelos, "um historiador para as Minas Gerais". O primeiro parágrafo é síntese clara e categórica do que se vai apreciar, quer no restante do texto inaugural, quer nos quatro outros. Realizando seguro percurso pela obra de Diogo, Adriana demonstra, com consistência, a atualidade e o vigor da mesma. Realça a diligência e o rigor de Diogo na pesquisa documental e aponta traços de sua personalidade e de conduta pessoal que se mesclam com seu trabalho. Estuda os caminhos que o conduziram à investigação e, sobretudo, analisa o seu *modus operandi* na oficina de Clio.

Na interpretação de Francisco Eduardo de Andrade, as raízes familiares, isto é, a evocação de seus troncos familiares é que propiciou a Diogo de Vasconcelos fazer da biografia da família um *espelho* da biografia da pátria-nação. Com isso, Andrade explora o caráter pragmático da História esposado por Diogo. Ou melhor, o caráter pedagógico da História, de onde se podem e se devem haurir lições e ensinamentos. Dito de maneira mais elaborada, o pertencimento decorrente do culto aos lugares de origem impondo-se como "súmula da identidade". Dois outros importantes aspectos são contemplados na análise de Francisco de Andrade: a utilização, por Vasconcelos, da hermenêutica do cristianismo no entendimento do processo histórico, ou seja, os postulados católicos impregnando o (per)curso da História; e a compreensão das *fronteiras* e definição da plástica e infixa territorialidade das Minas Gerais.

As convicções políticas e religiosas de Diogo de Vasconcelos se o fizeram manter-se distante de cargos na administração republicana, não o inibiram de participar de instituições que tinham surgido e que guardavam identidade com o novo regime. Diga-se, de passagem, que, embora monarquista, a produção historiográfica de Diogo é importante veículo de solidificação de emergentes instituições republicanas. Assim sucedeu na colaboração que emprestou a seu amigo e antigo correligionário político José Pedro Xavier da Veiga na formação do acervo do Arquivo Público Mineiro, ainda em fins do século XIX. Noutra ocasião e em idêntico enquadramento, Diogo, em 1907, incorporou-se ao grupo de fundadores do Instituto Histórico e Geográfico de Minas

Gerais, sendo escolhido orador oficial da entidade, função que ocupou até sua morte. O Instituto, saliente-se, nos moldes de seu inspirador e congênere nacional, se apresentava, sobretudo, como espaço de estudo e discussões em torno da memória e da identidade histórica regional de Minas Gerais, verdadeira "oficina central do pensamento", como pertinentemente o intitularam Helena Miranda e Rodrigo Machado da Silva no terceiro dos textos que aqui se estampam.

Diogo de Vasconcelos entendia que a História não era instrumento de construção, mas de preservação da memória, com a circunstância de que esta deveria ser recuperada na consulta às fontes documentais. O conceito de fontes, entretanto, carecia de ser alargado. Por isso, cultivou atenção à salvaguarda do patrimônio monumental; em particular, dos bens arquitetônicos como obras de arte. Tal postura fica patente em textos que se leem na imprensa até 1893. O pendor de Diogo para tais questões é analisado no texto de Ivana Parrela.

A aptidão por esse campo, que se manifesta também nos escritos publicados sob o título de *A arte em Ouro Preto*, ensejaram-no ainda a proceder à análise da retratação pictórica dos bispos de Mariana como método de estudo da trajetória daqueles antístites. Na empreitada, tendo em conta que a Igreja era o "esteio da civilização mineira", articula e combina retórica, história e erudição. Assim, sua *História do Bispado de Mariana* se releva obra encomiástica e laudatória do catolicismo. Nela, os titulares do trono episcopal marianense emergem como "mártires da história mineira", reserva moral da sociedade, disseminadores dos bons costumes. Abordando-as e discutindo-as, Marco Antônio Silveira, em texto instigante, encerra a coletânea.

A atualidade e a permanência de uma obra científica, entre outros fatores, se justificam pelas indagações e pelos horizontes que oferece para novos estudos. Textos sobre a História da História assinalam inquietação crítica daqueles que a exercitam face à produção do saber que lhes antecede. Ainda que se possa – e se deva – apurar a qualidade dessas análises, louvem-se tais esforços, posto que expressões da tomada de consciência (histórica) e de apuração da consistência da produção em causa.

Este oportuno *Diogo de Vasconcelos: o ofício do historiador* se reveste dessas características, pelo que e quando nada faz com que a iniciativa de organizá-lo e, agora, seu lançamento sejam louvados. Prenúncio de boa e proveitosa leitura. Vamos a ela, então?

Diogo de Vasconcelos: um historiador para as Minas Gerais

Adriana Romeiro

Poucas obras exerceram tanta influência sobre a historiografia mineira quanto a de Diogo de Vasconcelos. Precursor da pesquisa e da crítica documental entre nós, ele foi o primeiro a estabelecer uma interpretação da história mineira baseada numa visão de conjunto, situando-a numa temporalidade de longa duração. Desde então, o modelo de análise que fixou, especialmente no que respeita aos tempos, ritmos e inflexões, continua a inspirar as abordagens historiográficas mais recentes.

Em finais do século XIX, quando ele iniciou a redação da *História Antiga das Minas Gerais,* muito pouco havia sido publicado sobre a história mineira. À exceção da tradição memorialística inaugurada ainda no século XVIII e vigorosa desde então, ela permanecia aprisionada ao estatuto de mero recorte da história do Brasil, sem merecer um tratamento mais aprofundado. Pioneiro, Vasconcelos desbastou o território, amanhou a terra, lançou os fundamentos e, antes de qualquer outro, delimitou a história mineira do período colonial como campo de estudo e pesquisa histórica. Influenciado pelos métodos positivistas então em vigor, recusando-se, porém, a se subjugar por eles, elaborou um programa de investigação original, baseado na exploração massiva das evidências empíricas. Como bem observou Francisco Iglésias, ele foi o primeiro a vasculhar os arquivos e a espanar a poeira dos velhos códices coloniais, movido pelo amor à verdade dos fatos.[1] Por não ser

---

[1] VASCONCELOS, Diogo de. *História Antiga das Minas Gerais*. Belo Horizonte/Itatiaia, 1999. Francisco Iglésias nota que Vasconcelos "faz várias referências a cartas, ofícios,

historiador, tinha uma percepção alargada do documento, uma vez que este deveria abranger todos os vestígios do passado que pudessem ser encontrados e explorados. Assim, a documentação do Arquivo Público Mineiro – então recentemente criado – estava longe de esgotar o repertório das fontes à sua disposição, e, por todos os lugares, buscou a memória local, perseguindo os sinais inscritos tanto na paisagem quanto nas construções antigas e na tradição oral, para compor o seu vívido painel da história mineira.

Apesar de ser um arquivista consciencioso, apaixonado pela erudição, Vasconcelos rendeu-se à tendência comum entre os memorialistas, e omitiu por completo as referências das fontes consultadas, furtando-se ao laborioso trabalho das notas de rodapé. No entanto, as gerações de pesquisadores que o sucederam puderam localizar as suas peças documentais, confirmando a seriedade e o rigor do seu trabalho de investigação empírica. Do mesmo modo, é esquivo quando se refere às obras de história que certamente leu e compulsou: à exceção de uma meia dúzia de referências – como Antonil, Pedro Taques Paes Leme, Cláudio Manuel da Costa, Frei Gaspar da Madre de Deus e Manuel da Fonseca –, paira um silêncio desconcertante sobre suas influências historiográficas. De obras mais gerais sobre a história do Brasil, não há a menor alusão. Da história de Portugal, da qual tinha grande conhecimento, cita apenas a obra de Pinheiro Chagas.

Desconhecia Vasconcelos a farta produção historiográfica do seu tempo? Certamente que não. No discurso de inauguração do Instituto Histórico e Geográfico de Minas Gerais, em 1907, ele estabelece um diálogo crítico com autores como Voltaire, Montesquieu, Thiers, Guizot, Bossuet, Vico, Comte, entre outros. O silêncio se explica pelo fato de que a sua obra almejava dialogar tão somente com a tradição memorialística do século anterior, com a qual mantinha uma relação de continuidade complexa e contraditória. Afinal, se pretendia submeter à luz das evidências os velhos modelos de interpretação forjados no século XVIII, opondo-lhes críticas e corrigendas, permanecia, contudo, fortemente preso a eles. Por vezes, soam anacrônicos os seus reparos ao *Fundamento*

---

memórias, testamentos, bandos, com eventuais transcrições. Conheceu bem o Arquivo Público Mineiro, muito lembrado; cita documentos do Arquivo Nacional; do Arquivo Episcopal de Mariana" (p. 16).

Histórico de Cláudio Manuel da Costa, a quem acusa de ter escrito uma história para o poema, e não um poema para a história, censurando-o por ter adulterado os fatos.[2] Além disso, longe de um olhar macroscópico, direcionado para um horizonte mais amplo, ele circunscrevia, como seus predecessores, a história mineira ao âmbito da capitania das Minas Gerais, afastando por completo a possibilidade de articulá-la aos eventos históricos em curso em toda a América Portuguesa.

Regionalista até a medula, Vasconcelos fez do amor à terra natal a principal inspiração de seus escritos, assumindo-o com orgulho altaneiro. E imbuído de um nativismo que jamais disfarça, dedicou-se ao projeto de escrever a história mais antiga de sua terra, com o propósito de trazer à tona um passado esquecido e ameaçado no presente. Filiando-se aos estudos que elaboraram o mito da mineiridade, a sua reflexão histórica tem como ponto de partida uma indagação mais profunda sobre as origens da identidade mineira.[3] Para ele, tratava-se de apreendê-la no longo processo histórico que, remontando às origens, havia conferido uma feição peculiar ao povo mineiro, moldando-lhe o caráter, a cultura e os valores. Na brevíssima Advertência da *História Antiga*, ele conta ao leitor que a ideia do livro assomou-lhe no espírito durante as comemorações do bicentenário de Ouro Preto. Tratava-se do contexto dos debates sobre a mudança da capital para a futura Belo Horizonte.[4] Ele, que fora prefeito da cidade, esteve profundamente envolvido na campanha que se opôs à mudança, e o jornal de sua propriedade, o *Jornal de Minas*, atuou como porta-voz eloquente da oposição ao chamado partido dos mudancistas. Entre os principais argumentos contra a transferência da capital, estava a defesa da cidade como depositária da história e da tradição de Minas Gerais.

---

[2] VASCONCELOS, 1999, p. 161.

[3] Sobre o mito da mineiridade, ver: ARRUDA, Maria Arminda do Nascimento. *Mitologia da mineiridade*. São Paulo: Brasiliense, 1990.

[4] Na Advertência, Vasconcelos escreve: "Em 1898, no dia de São João, tendo na forma do antigo costume, ouvido a missa na capela do morro, por aí me conservei algumas horas em meditação depois que o povo se retirou. Fazia no ato dois séculos que a bandeira de Antônio Dias ali chegou para descobrir o Ouro Preto. Concebi então o projeto de reunir as memórias, que tinha, dos fatos sucedidos nessa época remota, pouco estudada, e muito mal dirigida pelos escritores até hoje aceitos, como depositários da tradição" (VASCONCELOS, 1999, p. 39).

Contra os que defendiam a mudança, Vasconcelos brandia a tese de que as marcas da história são indeléveis e se encontram por todos os lugares, como um modelo a inspirar os homens de todas as épocas. Em suas palavras, "As cidades antigas, berços das nações, são lastros conservadores que resistem à dissolução; padrões genuínos, em que se aferem os caracteres de um povo nas inconstâncias dos tempos. [...] E ainda: "Minas achará nas suas cidades antigas os monumentos e ruínas para reaver também os modelos e os pergaminhos pelos quais lhe renasçam as artes e os esplendores da civilização".⁵

Lutar contra a decadência que se abatera sobre Ouro Preto, resistir à proposta de transferência da capital significava, para ele, manter vivo o passado, preservando o patrimônio que abrigava as origens veneráveis do povo mineiro. Ouro Preto estava fadada assim a ocupar o centro de gravidade do conjunto de sua obra: o lugar figura como o ponto culminante da *História Antiga*, o clímax grandioso de uma longa epopeia iniciada em meados do século XVI.⁶ E, bem significativamente, ao longo das páginas da *História Antiga*, ele evoca a visão grandiosa do Pico do Itacolomi, que, com sua figura austera e vetusta, guiou-lhe a pena, da mesma forma que, no passado, guiara os passos dos primeiros descobridores.

Foi, portanto, no calor dos debates sobre a mudança da capital para Belo Horizonte, que Vasconcelos amadureceu o projeto de restituir à cidade de Ouro Preto a sua importância histórica, apresentando-a como o lugar da identidade e da memória dos mineiros. A *História Antiga* e a *História Média* constituem o desdobramento desta ideia para o espaço mais amplo da capitania: a história mineira em sua totalidade se confunde assim com a história das origens da mineiridade, como o longo e sinuoso processo de sedimentação dos caracteres mais profundos de sua gente. Vasconcelos expressou essa convicção num dos seus discursos, colocando em evidência o quanto a perspectiva histórica impregnava a sua relação com Ouro Preto:

---

⁵ NATAL, Caion Meneguello. *Ouro Preto: a construção de uma cidade histórica, 1891-1933*. Campinas: Unicamp, 2007. Dissertação (Mestrado em História) – Departamento de História do Instituto de Filosofia e Ciências Humanas, Universidade Estadual de Campinas, Campinas, 2007, p. 104.

⁶ "O descobrimento de Ouro Preto foi o ponto culminante da história antiga. O Itacolomi representava o farol desejado e atraente dos bandeirantes" (VASCONCELOS, 1999, p. 141).

> Quem há por aí que, ao visitar a antiga sede da capitania, a de nossas a mais lendária cidade, que Vila Rica foi e Ouro Preto é, quem há que não sinta a misteriosa influência, reslumbrando de seus vetustos edifícios a rememorar, por exemplo, a épica tragédia que foi o primeiro sonho da independência?! Lá as pontes de pedras, seculares, junto ao largo do Dirceu, lembram o pássaro mensageiro das saudades desoladas de Gonzaga, que as devia transpor para levar à sua Marília o coração sem esperanças do poeta encarcerado, misturando com os amores da noiva os amores da pátria. O passado, de certo, não levou as lembranças, mas trouxe para a história o murmúrio longínquo dos versos imortais e, com eles, o nome da formosa mineira com a rememoração dos sacrifícios pela liberdade de nossa terra. Na antiga rua de São José, a lembrança revive o chão salgado pela tirania para que nem a erva brotasse, por ter sobre ele se erguido uma casa em que se agasalhava o coração de um homem livre; e o infamado daqueles dias é hoje o imortal da história americana. Nesta mesma Ouro Preto, a casa dos Contos acorda sempre, nos corações, o terror do estrangulamento misterioso de Cláudio, revivendo, eternamente, a história do despotismo que mata ou que se escapa somente pela escura porta do suicídio, atraindo um olhar misericordioso para o velho poeta e jurisconsulto, revolucionário aos 72 anos de idade. Se a história santifica a própria materialidade dos lugares que a ela se ligam, também nos dá lições mais altas e de caráter bem mais generalizado.[7]

Recuperar a densidade histórica do presente, trazendo à tona os tempos passados, gloriosos e épicos, para revelar os fios que ligavam ambas as épocas constitui, sem dúvida, a empresa historiográfica de Vasconcelos. Dessa forma, encarregou-se de expor as grossas camadas do tempo depositadas no presente, para colocar em cena a própria história, que se abrigava por entre as pedras e os edifícios. Não é outro o seu método histórico. Se os documentos empoeirados e esquecidos dos arquivos têm o poder de evocar o passado, também a paisagem, as ruas, as casas, os chafarizes fornecem a matéria-prima ao historiador, configurando pistas e indícios que podem ser perscrutados e inquiridos, num diálogo vigoroso entre o presente e o passado.

---

[7] VASCONCELOS, Diogo de. Instituto Histórico e Geográfico de Minas Gerais. *Revista do Arquivo Público Mineiro*, 1909, p. 223-224.

Para ele, contudo, o labor do historiador não se encerra no escrutínio aturado das fontes. É certo que o animavam o gosto pela erudição, o prazer pela descoberta de peças documentais inéditas, capazes de elucidar a trama do passado ainda insuficientemente conhecido. Mas, da mesma forma que Michelet, "A erudição não passa, então, de um andaime que o artista, o historiador deverá retirar logo que a obra esteja realizada".[8] Pois a história é a própria vida – e o historiador deve ter sensibilidade para transcender os documentos e apreender os ensinamentos do passado, respirando a sabedoria que se esconde nos arquivos velhos e empoeirados.

Como bem notou Francisco Iglésias, Diogo de Vasconcelos foi, antes de tudo, um romântico.[9] As páginas de sua obra estão recheadas de descrições vívidas e comoventes do passado, e não são raras as passagens em que preenche a lacuna das fontes com os seus arroubos de imaginação, avizinhando-se do gênero ficcional. Numa passagem antológica da *História Antiga*, ele se compraz em descrever, no estilo que lhe era peculiar, o feliz encontro entre o coronel Salvador Fernandes e os seus conterrâneos, na região que ficaria por isso chamada de Bom Sucesso. Sobre o episódio, aparentemente secundário e que passaria hoje desapercebido às novas gerações, escreveu ele: "[...] a imaginação não resiste à vontade de figurar a cena dessas noites longas, ao redor do fogo, e aqueles homens, fundadores de nossa pátria, irmanados pelo destino, a conferirem entre si, os seus projetos, as suas esperanças e o futuro das Minas!".[10] Nessa passagem, ele expõe o âmago de sua concepção histórica: a história deve ser escrita com fontes e imaginação. Da mesma forma que a Casa dos Contos o leva a imaginar os momentos de terror vividos ali por Cláudio Manuel da Costa, fazendo-o se compadecer diante do destino trágico daquele homem, os documentos avivam a imaginação, conduzindo o historiador para outros lugares e tempos, oferecendo-lhe o exemplo a ser seguido.

---

[8] LE GOFF, Jacques. *Para um novo conceito de Idade Média – tempo, trabalho e cultura no Ocidente*. Lisboa: Estampa, 1980, p. 20-21.

[9] Iglésias observa que a omissão das fontes é um traço da historiografia romântica. Acrescenta que "de certo, é no romantismo que se deve enquadrá-lo, com o gosto da evocação do passado, certo culto ou respeito ao vivido, com minúcias descritivas de quem tivesse presenciado a cena, que apresenta como fazem os ficcionistas, chegando a diálogos". (VASCONCELOS, 1999, p. 18).

[10] VASCONCELOS, 1999, p. 146.

Voltar ao passado, imaginá-lo em seus detalhes, captar a força do momento, apreender a sua lição, penetrar no coração dos homens – eis a história romântica à qual Vasconcelos se filiou com convicção. Pelo exercício da imaginação, a história se transfigurava em lições moralizantes destinadas a educar os homens, inculcando-lhe as grandes virtudes do passado. Entretanto, a imaginação não servia apenas como último recurso para cobrir as lacunas das fontes, mas consistia na própria substância da narrativa histórica, fundindo-se com a objetividade fria das fontes, restituindo-lhe a força original, esmaecida e pálida.

Por vezes, a narrativa parece se desprender por completo das fontes, para se converter em ficção das mais descritivas, com a inserção de diálogos pouco verossímeis, com o relato de circunstâncias de uma exatidão incrível. Nas páginas dedicadas à Guerra dos Emboabas, o seu estilo romântico atinge o ápice. É bem impressionante a descrição que faz da suposta batalha da Cachoeira: "[...] o sol do sertão tristemente, afundando-se no ocaso, via nos últimos dias de seu império aquele espetáculo doloroso e pungente de ironias." Ou ainda: "Ébrios de sangue, cegos de raiva, despertava-se neles (os paulistas) de momento a natureza dos tigres [...]".[11] O mesmo tom se repete na descrição dos feitos perpetrados pela expedição conduzida por Antônio de Albuquerque para rechaçar os franceses no Rio de Janeiro: "O tempo arruinou-se de maneira que no dia 11 de setembro tão denso caiu o nevoeiro, e se escureceu o céu, como noite, que não se alcançava uma quadra diante dos olhos".[12]

Não são apenas as ações que ganham tamanha precisão na narrativa. Aliando à imaginação um conhecimento profundo da geografia, seu estilo confere um extraordinário sentido plástico à descrição do cenário natural: horizontes que se abrem majestosos, rios que serpenteiam montes elevados, vales profundos e abissais, a visão do imponente Itacolomi sob a alvorada, picos que oferecem panoramas estupendos... Suas descrições quase cenográficas exprimem uma espécie de relação amorosa com o palco dos eventos, uma relação nascida do conhecimento empírico impregnado por um nativismo apaixonado. Quando trata da descoberta do Ouro Preto por Antônio Dias, por exemplo, refaz pacientemente o

---

[11] VASCONCELOS, 1999, p. 254.
[12] VASCONCELOS, 1999, p. 299.

trajeto da expedição, imaginando o campo de visão que se abriu aos sertanistas: "Os primeiros descobridores, tendo entrado pela Itaverara, em busca do Rio das Velhas, esperam encontrá-lo na virada da Itatiaia, mas não lograram o intento: porque a serra ramifica-se, e deixa correr mais de um afluente para o Rio Doce, antes de separar os dois vales. Só depois de muitas marchas é que, descendo sobre o serro do Tripuí, avistaram a cordilheira [...]".[13]

À semelhança de Michelet, para quem a história deveria ser vivida, para Vasconcelos a história deve ser, antes de tudo, imaginada. É como testemunha, por vezes embevecida, que ele nos descortina o seu quadro dos eventos, focalizando pequenos gestos, cenas prosaicas do cotidiano, rostos anônimos, para mostrar a paulatina construção da identidade mineira. Não há lugar aqui para o princípio de indeterminação: na faina dos escravos em meio aos ribeirões, nas conversas ao redor do fogo nas noites de inverno, nos passos firmes dos sertanistas, é o futuro das Minas Gerais que se anuncia, como força inexorável e irresistível.

Partilhando de certa percepção teatral, ele postulava que a narrativa deveria obedecer aos princípios do drama, dotado de ordem e sentido, para que nela os personagens pudessem protagonizar as suas "belas aventuras".[14] O sentido cronológico conjugava-se, para ele, ao princípio da causalidade, capaz de dar inteligibilidade aos eventos. Uma história aos pedaços, esvaziada do princípio de causalidade, estaria fadada a ser uma história monótona e descarnada, posto que, excluindo a ideia do acaso e do caos, toda a trama histórica tem, em sua origem, uma racionalidade que convém ao historiador apreender e revelar. Quando revira os arquivos em busca de um determinado documento, é justamente para restabelecer, como ele próprio diz, "a ordem natural e lógica dos acontecimentos".[15] Seu propósito é buscar a "conexidade dos fatos", articulando datas, acontecimentos e indivíduos, explicitando a verdadeira trama que se esconde por entre a miríade dos episódios.[16]

---

[13] VASCONCELOS, 1999, p. 133.

[14] VASCONCELOS, 1999, p. 121.

[15] VASCONCELOS, 1999, p. 139.

[16] Apesar da busca de sentido, a narrativa de Vasconcelos tem um aspecto fragmentário que não escapou ao próprio autor. Na Advertência, ele alerta que "o que aqui apresento não está bem nas condições como desejei [...]". Para Iglésias, "não há arquitetura sólida

Passando ao largo das filosofias de história de seu tempo, Vasconcelos não se interessou pelo estudo das grandes estruturas, renunciando a elas em favor da atuação dos indivíduos. À semelhança do drama, são os personagens que conduzem a ação. Na história, concebida por ele como a luta do homem em direção ao progresso,[17] as figuras de proa, aquelas que encarnam a genuína vanguarda, são os homens que, valendo-se da inteligência e do amor às artes, empenham-se em superar a barbárie em direção à civilização. Esse é o drama humano que subjaz na história. Pois é nele que se revelam as virtudes e as qualidades morais de um povo, num longo processo de transmissão e sedimentação, conformando historicamente uma espécie de *éthos*. Tal convicção explica a recorrência, por vezes excessiva, de capítulos e apêndices dedicados ao estudo biográfico de determinados indivíduos, como governadores e descobridores. Grandiosos, eles jamais submergem sob o peso das estruturas ou do caos que os rodeia, mantendo com mão firme os valores mais elevados em meio às vicissitudes da história. Há, sem dúvida, qualquer coisa de exemplar na trajetória desses homens e, cioso da reputação dos mortos, Vasconcelos se preocupa em emendar incorreções, reparar injustiças e reabilitar nomes, apontando as desventuras de que foram vítimas em seu tempo. Aqui e ali, ele desfaz um juízo equivocado, a exemplo de Carlos Pedroso da Silva, a quem Cláudio Manuel da Costa não credita os descobrimentos das minas dos Cataguases.[18] Ou quando lembra a severidade excessiva com que o governador Sebastião de Castro Caldas foi tratado pelo rei, incompatível com os grandes serviços prestados à Coroa.[19] Admira o caráter altivo de uns, a fibra moral de outros, tudo aquilo que para ele confere grandeza à história.[20] Tanto é assim que, durante uma visita à capela de Santa Ana, em Sabará, onde estariam depositados os restos mortais do Borba Gato, Vasconcelos se emociona:

> [...] ao sairmos, tocamos as trindades no sino grande. O bronze eu, havia muito, não se ouvia, ecoou por todo o vale do antigo Sabarabuçu e as aves noturnas, como que se recordando de alguma

---

na obra, que às vezes dá a impressão de coletânea de crônicas sobre lugares, pessoas ou acontecimentos" (VASCONCELOS, 1999, p. 18).

[17] VASCONCELOS, 1999, p. 101.
[18] VASCONCELOS, 1999, p. 161-163.
[19] VASCONCELOS, 1999, p. 165.
[20] VASCONCELOS, 1999, p. 208.

aflição, atroando saltaram das paredes esburacadas. Evocamos então a época dos bandeirantes, a primeira tarde do descobrimento. A noite descia impregnada dos aromas acres de aroeiras e alecrins selvagens, e a memória do Borba, ligando as duas eras das esmeraldas e do ouro, como aquele reio que tínhamos ao lado, gemendo e passando, mas sem se extinguir jamais, refletia os fantasmas da História![21]

No estudo do drama humano, a empresa dos descobrimentos ocupa o lugar central, de vez que é ela que confere à história mineira os traços de uma epopeia heroica. Se o drama que se desenrolou nas Minas teve como sentido primordial a luta contra a barbárie em direção à civilização, opondo de um lado, a anarquia, e de outro, a ordem estabelecida, foram os descobridores paulistas os seus principais protagonistas. E, rompendo com os marcos cronológicos da tradição memorialística, Vasconcelos situa as origens da história de Minas nas primeiras expedições em busca de metais preciosos, encetadas ainda no século XVI, quando o sonho do Eldorado levou muitos a trilhar os sertões da região que se tornaria depois a capitania de Minas Gerais. Toda a primeira parte daquilo que chamou, muito apropriadamente, de *Origem da História das Minas Gerais*, é dedicada ao movimento lento, porém constante e irrevogável, que culminaria, em fins do século XVII, na descoberta das Minas Gerais. Para ele, nessas primeiras expedições que tatearam pelas terras dos Cataguases, já pulsava o projeto de fundação da pátria mineira.

Não foi por outra razão que, no estudo das origens – tema por excelência da historiografia romântica –, Vasconcelos privilegiou a saga dos descobridores paulistas, intitulando-os "os nossos argonautas". Em sua narrativa, a epopeia paulista agiganta-se, ganhando tonalidades verdadeiramente heroicas, à medida que se projeta sobre um cenário hostil e inquietante, refratário à presença humana. Endossando a tópica da natureza perturbadora, perpetuada por Cláudio Manuel da Costa e herdeira das formulações paulistas, concedeu largo espaço aos trabalhos e sofrimentos inerentes ao devassamento dos sertões mineiros. É pouco estudada, aliás, a migração da tópica da geografia trágica dos relatos dos descobridores paulistas para a poesia e a historiografia, até se instalar definitivamente nos textos acadêmicos, já não mais como a versão

---

[21] VASCONCELOS, 1999, p. 209.

construída para enobrecer a saga do descobrimento. No século XVIII, tal versão foi objeto de contestação por parte dos adversários dos paulistas, que argumentaram que a descoberta do ouro havia sido obra do acaso, ocorrida quando eles perseguiam índios para escravização. Esta imagem pouco lisonjeira dos descobridores esteve no centro dos debates que se travaram entre os memorialistas dos séculos XVIII e XIX, dividindo-os entre os que viam a empresa dos descobrimentos como prova da grandeza e bravura dos paulistas, e os que a viam como fruto espúrio da preação. Ecoando essas vozes dissonantes, Vasconcelos endossa a legenda negra sobre os preadores de índios – gente "ignara, sem coesão, semibárbara" – comparável a matilhas esfaimadas –, mas cuida de distingui-los dos bandeirantes, gente de qualidade muito diferente.[22]

A defesa intransigente dos descobridores paulistas deita raízes na poesia de Cláudio Manuel da Costa, uma das referências mais importante de sua obra. É de notar que o poema "Vila Rica" inaugura, nas Minas, a narrativa poética de exaltação dos paulistas, contrapondo-se firmemente à tradição emboaba, tão bem representada por Rocha Pita. Essa matriz historiográfica, inspirada em Pedro Taques Paes Leme, despontaria também na obra do bisavô de Vasconcelos, Diogo Pereira Ribeiro de Vasconcelos, intitulada *Breve descrição geográfica, física e política da capitania de Minas Gerais*. Ali o elogio dos paulistas glosaria as primeiras estrofes do Vila Rica:

> Tanto a monarquia deve à intrepidez e generosidade dos paulistas, homens de fé e bons vassalos, que, aventurando-se aos perigos por entre ciladas e tumultos, manifestaram a nossos reis os tesouros ocultos no território das Gerais, não sem vergonha e pesar (custa a dizê-lo, mas é verdade) de nossos reinóis, atraídos pela avareza ao país.[23]

Nem toda a tradição memorialística mineira abraçaria a matriz fixada por Cláudio Manuel da Costa, e um autor como José João Teixeira Coelho, cuja obra constitui outra referência de Vasconcelos, se recusou a operar uma distinção entre descobrimentos minerais e preação

---

[22] VASCONCELOS, 1999, p. 133.

[23] VASCONCELOS, Diogo Pereira Ribeiro de. *Breve descrição geográfica, física e política da capitania de Minas Gerais*. Estudo crítico de Carla Maria Junho Anastasia. Belo Horizonte: Fundação João Pinheiro, 1995, p. 62.

indígena. Para ele, os descobridores eram, antes de tudo, preadores. Em suas palavras,

> [...] alguns habitantes de São Paulo, faltos dos sentimentos da lei natural e movidas da tirana cobiça de cativar os miseráveis índios, penetraram os sertões que hoje formam a capitania de Minas Gerais e casualmente descobriram o ouro nos córregos e rios que atravessam os mesmos sertões e desaguam pelo Sul, no rio Doce.[24]

Herdeiro das formulações de Pedro Taques e Frei Gaspar da Madre de Deus, Vasconcelos pintou um quadro grandioso da vida paulista nos séculos XVII e XVIII: aproximando-a do universo aristocrático dos senhores medievais, envolveu-os em fumos de nobreza e opulência, notando que, por obra dos jesuítas, amavam a instrução e as letras.[25] Foi precisamente a influência jesuítica que legou aos sertanistas o culto e respeito às virtudes mais elevadas, e que seriam depois assimiladas pelos habitantes das Minas. Em mais de uma passagem, ele afirma a superioridade intelectual da gente de São Paulo: "[...] a prova tirou-se no povoamento das Minas, quando os paulistas fundadores tiveram um campo vasto para afirmar o poder de sua educação pois nem mesmo no período agudo da anarquia a dissolução dos costumes chegou a contaminar de todo a sociedade nascente". E continua: "Homens instruídos e famílias educadas conseguiram salvar do naufrágio o amor das letras e as virtudes domésticas, qualidades que felizmente reagiram e, acaso mais acrisoladas, repontaram na formação definitiva do caráter mineiro".[26] Ou ainda, "[...] a primeira época das Minas, consumida no bruto afã de se amansar o sertão, educando-se os selvagens e lidando-se com colonos corrompidos, ou forasteiros ignóbeis, oferece-nos um lado que ameniza

---

[24] VASCONCELOS, 1999, p. 120.

[25] VASCONCELOS, 1999, p. 416. Não seria de todo despropositado indagar sobre as possíveis influências da historiografia francesa de cariz romântico, particularmente a da Restauração, sobre o modelo de interpretação proposto por Vasconcelos. A Idade Média mítica dos românticos franceses guarda alguma semelhança com a descrição que ele faz da vida no Planalto colonial. Sobre a historiografia francesa da Restauração, ver: OLIVEIRA, Terezinha. A historiografia francesa dos séculos XVIII e XIX: as visões iluminista e romântica da Idade Média. Acta Scientiarum, v. 21, n. 1, p. 175-185, 1999.

[26] VASCONCELOS, *História Média das Minas Gerais*. 3. ed. Belo Horizonte: Itatiaia; São Paulo: EDUSP, 1981, p. 33.

o aspecto geral e que indigita a estreita ponte entre abismos por onde se transportou felizmente o paládio da civilização". E acrescenta: "É que os paulistas, primeiros povoadores, pioneiros, que nem brenhas, nem serras, nem bárbaros, nem feras detiveram no avanço da conquista, foram estudantes, e nessa bagagem luminosa, enquanto se estabeleciam nos sertões, guardavam o amor com que mandavam os filhos para onde pudessem receber instrução".[27]

É de se indagar sobre a origem dessa idealização dos paulistas. A imagem de fausto e riqueza provinha, sem dúvida, da obra de Pedro Taques Paes Leme, que, a cada passo, menciona o luzimento e a magnificência com que viviam as grandes casas da vila de São Paulo. Além disso, a obra de Alcântara Machado ainda não viera desmantelar a imagem de opulência, com seus inventários paupérrimos, onde mal se podia encontrar um traço de luxo, em meio à frugalidade dos padrões de vida dos mais ricos.[28] É também da obra de Taques que ele extrai as referências à religiosidade extremada: por todas as páginas, o genealogista alude às práticas de devoção religiosa de seus biografados, apresentando-os como homens profundamente cristãos, apegados aos santos e respeitosos dos rituais católicos. Ex-aluno do Colégio da Companhia de Jesus, Pedro Taques não poupa elogios à ação educadora dos jesuítas, chegando mesmo a descrever os fatos sobrenaturais que tiveram lugar após a morte do seu mestre, o padre Estanislau de Campos.[29]

Foi, portanto, graças à educação jesuítica, que os paulistas puderam superar o estágio da barbárie, mantendo vivos as virtudes, a fé e o amor às letras mesmo em meio aos sertões mais incultos, atuando como repositórios da civilização nos lugares por onde erraram. Chama especial atenção a natureza das qualidades que Vasconcelos identifica nos primeiros povoadores paulistas: valerosos, dominados por um sentimento de dignidade exasperado, a exemplo da figura mítica de D. Maria da Cruz. Comovente, aliás, é a passagem em que descreve a altivez com que ela se portou na viagem de barco ao longo, primeiro do

---

[27] VASCONCELOS, 1999, p. 110.

[28] Sobre a frugalidade da cultura material dos paulistas ver: MACHADO, Alcântara. *Vida e morte do bandeirante*. São Paulo: Martins, 1953.

[29] LEME, Pedro Taques de Almeida Paes. *Nobiliarquia paulistana histórica e genealógica*. Belo Horizonte: Itatiaia; São Paulo: Ed. USP, 1980, tomo 1, p. 62.

Rio São Francisco, e depois, do Rio das Velhas, com destino à prisão em Ouro Preto:

> Orgulhosa, jamais traiu a própria dignidade, recolheu-se, porém, ao baldaquim, cerrou as cortinas e só aí se desfez em pranto. O Intendente, com receio de manifestações entre o povo, ordenou que não a visitassem, nem quis que a canoa se aproximasse da borda. Singrando, pois, de São Romão, vieram a Guaicuí. O encontro dos rios aqui forma o panorama como se de um lago. O horizonte confunde-se nos longes da planície imensa. Em agosto o crepúsculo, coando-se de laivos sanguíneos, e o ar afumarado embebendo-se de melancolia e de saudade, em que as experimenta por dores certas, fazem, com a vida, que desapareça toda a alegria de viver. Foi neste espasmo da alma que D. Maria atravessou todo aquele golfo e entrou no Rio das Velhas, perdendo de vista o horizonte de seus dias venturosos, e começando a sentir a noite do exílio.[30]

Da mesma cerviz dura e inquebrantável, pertencia Manuel de Borba Gato, outra figura mítica, verdadeiro elo de união entre a época heroica de Fernão Dias Paes Leme e a idade de ouro das descobertas dos fins do século XVII. Fascinam Vasconcelos o rigor e o senso de justiça desse homem que viveu mais de vinte anos foragido em meio aos sertões. Assim ele o descreve: "[...] denodado e severo, justiceiro e probo, o rigor com que reprimiu os contrabandos e cortou pelos abusos, criou-lhe desafetos, e a sua qualidade de paulista, ao passo que lhe trouxe o rancor dos portugueses, não lhe granjeou a estima dos compatriotas pela isenção com que os julgava".[31] É para corrigir a fama injusta de homem cruel – como um "medonho Smilodon" – que ele percorre os arquivos, em busca de seus verdadeiros traços: "[...] diversamente, porém, será julgado de hoje em diante, em vista dos documentos, que o restituem à luz serena de

---

[30] VASCONCELOS, 1981, p. 139. Vale notar que Vasconcelos descreve Maria da Cruz nos moldes das velhas matronas paulistas. Segundo ele, D. Maria era "moça da família da Torre e educada pelas carmelitas" (p. 110). Prossegue o autor: "D. Maria era menos senhora que mãe de todo aquele povo. Escravos, camaradas, agregados, um milhar de corações ali batiam nas angústia do terror e da incerteza, naquele momento, um lago da aflição. Ela havia criado quase toda aquela gente" (p. 137).

[31] VASCONCELOS 1999, p. 207.

sua incomparável atividade nos fatos mais honrosos da primeira época, origem heroica de nossa pátria".[32]

Se os paulistas haviam carreado para a formação do povo mineiro os valores morais mais elevados, bem diversa é a opinião de Vasconcelos a respeito da massa de forasteiros provenientes de Portugal, que inundou a região durante a corrida do ouro. Gente sem eira nem beira, desprovida de vínculos familiares, mas sobretudo inculta e analfabeta, em tudo diferente dos descobridores. A questão familiar é decisiva no desapreço de Vasconcelos: quando se refere ao povoamento do território mineiro pelos paulistas, usa a expressão "famílias fundadoras", arrolando pacientemente as "casas", isto é, os sobrenomes, seguindo à risca os versos de Cláudio Manuel da Costa:

> Vê os Pires, Camargos e Pedrosos,
> Alvarengas, Godóis, Cabrais, Cardosos,
> Lemes, Toledos, Pais, Guerra, Furtados
> E outros que primeiro assinalados
> Se fizeram no arrojo da conquista.[33]

Conservador, via na instituição da família um freio às paixões humanas, o único lenitivo para os males de uma sociedade de adventícios.[34] Este é, aliás, um aspecto subestimado por ele: contrariando as formulações sobre a diversidade étnica e cultural dos mineiros, propõe a tese de uma unidade étnica, fundamentada num argumento tão interessante, quanto pouco convincente: "[...] é fato particular de Minas, que pela sua posição no interior das terras, tendo-se povoado do centro para as extremidades, constituiu-se independentemente de massas xenogênicas, e se multiplicou à custa do próprio atavismo, razão pela qual a unidade étnica preenche o fenômeno, como em nenhuma outra província, de uma tal soma de sangue afim, que bem se pode dizer a maior de toda a América".[35] No discurso de inauguração do Instituto Histórico e Geográfico de Minas

---

[32] VASCONCELOS, 1999, p. 208.

[33] VASCONCELOS, 1999, p. 221.

[34] VASCONCELOS, 1999, p. 236. "Raríssimas eram ainda as famílias nobres, que se haviam mudado para as Minas. A dissolução dos costumes domésticos não conheceu, portanto, nem pudor nem limites."

[35] VASCONCELOS, 1999, p. 210.

Gerais, ele retoma a tese, observando que a capitania esteve alheia "às migrações estranhas", do que resultou um "povo unido e igualitário".[36] A função do recém-criado Instituto seria a de fortalecer, através da história, a homogeneidade étnica da gente mineira, configurando uma identidade unitária, refratária às diferenças e oposições – traço que estivera apenas na origem do povoamento, em razão do ritmo do deslocamento populacional para a região.

"A grande invasão" – título que dá a um dos subcapítulos da *História Antiga* – é o preâmbulo para o estudo da Guerra dos Emboabas. Subscrevendo as passagens de Antonil sobre a desordem dos primeiros tempos, a narrativa de Vasconcelos constrói um cenário de violência e anarquia, em que a ordem civil, precária e tortuosa, mal consegue aplacar as dissensões, os ódios atávicos e as perturbações originadas da própria estrutura da sociedade, às voltas com um alto contingente de escravos, índios selvagens e feras.[37] Para explicar o caráter centrífugo dos poderes locais, ele nos oferece uma reflexão instigante sobre o peso da herança portuguesa na constituição dos particularismos políticos no Brasil colonial:

> [...] formado de senhorios e conselhos autônomos, cada qual trazendo a sua história particular das vicissitudes da Península, mormente nas regiões em que os árabes deixaram livre todo o governo local, frações entrelaçadas pelo terror e pelo ódio de inimigos externos, o Reino fabricado aos poucos e aos pedaços, cimentou-se pelo interesse comum simbolizado na Coroa, mas nunca deixou de ser uma federação de distritos fundidos pela política e nacionalizados pela história.[38]

O resultado é que assim também se formaram as capitanias brasileiras, como territórios independentes, sob o jugo de donatários em hostilidade com os vizinhos, incentivando o isolamento e o particularismo. Sagaz, contrapondo-se às interpretações dominantes que identificavam um nacionalismo anacrônico nos primeiros séculos de colonização, refutou a ideia de uma pátria capaz de unir as diferentes capitanias.

---

[36] VASCONCELOS, 1909, p. 214.
[37] VASCONCELOS, 1999, p. 179.
[38] VASCONCELOS, 1999, p. 226.

A imagem de um mundo dominado pela violência e pelas paixões, muito semelhante, de resto, ao estado de natureza de Hobbes, acabou por sedimentar-se na historiografia sobre os primeiros tempos das Minas. E talvez aqui resida uma das maiores contribuições de Vasconcelos: o peso decisivo dos poderes locais, encarnados nos potentados, nas facções que se digladiavam entre si e nas relações conflituosas destes com os poderes instituídos. Poucos foram os que, antes dele, mostraram-se sensíveis a este traço da história mineira. Os particularismos de toda sorte atuavam como força desagregadora, que punha em risco a criação daquilo que ele chama de "casa mineira". O regime dos quintos é saudado por ele como a força propulsa da administração colonial: "[...] sem eles, o país continuaria retalhado em poder de caudilhos mais ou menos prepotentes, mas todos despóticos, e, despotismo, um por outro, antes o legítimo. Se em Minas continuasse a anarquia, é claro que afastaria a imigração dos bons elementos, que constituíram ao depois a maioria dominante e fizeram nascer de propriamente a casa mineira [...]".[39]

Ao passo que Antonil[40] recorre à imagem cristã do deserto bíblico como lugar de expiação e pecado para descrever a vida nos primeiros tempos das Minas Vasconcelos prefere a imagem mitológica da Lícia devastada pela quimera: em nota, ele explicou melhor a aproximação, observando que "a quimera foi um monstro, uma parte bode, outra parte leão, e o resto dragão: mito perfeito também para as Minas, dominadas pela luxúria, pela força despótica e pelo fanatismo".[41] A figura híbrida da quimera, espécie de monstro formado a partir de animais diferentes, evocava um dos traços mais reveladores da sociedade mineira dos primeiros tempos: ali também tudo se formara a partir de elementos díspares, e que, sob o influxo das forças de repulsão, mal podiam se amalgamar. Em várias passagens, ele recorre à imagem de um corpo social monstruoso e amorfo, resultante da união dos contrários, para descrever o caos dos primeiros tempos: para ele, a sociedade não era de todo humana, pois

---

[39] VASCONCELOS, 1981, p. 64.

[40] ANTONIL, André João. *Cultura e opulência do Brasil por suas drogas e minas*. Texte de l'édition de 1711, traduction française et commentaire critique par Andrée Mansuy. Paris: Institut des Hautes Études de l'Amerique Latine, 1968, p. 370. É bem conhecida a passagem em que Antonil compara as freguesias "como os filhos de Israel no deserto".

[41] VASCONCELOS, 1999, p. 380.

"europeus e paulistas, índios e negros, sobretudo, os mamelucos davam à sociedade um aspecto de meio-humana e meio bruta".[42] Noutra passagem, é a metáfora do centauro que ilustra a natureza das tensões entre as autoridades e a população. Ou ainda, quando observa que aquela foi uma sociedade "dividida entre opressores e oprimidos", em que se vivia num "estado de guerra contínuo e perpétuo".[43]

Ali as paixões cobravam o seu preço alto, desencadeando uma corte de violência e arbitrariedade, em que a força física se impunha sobre a lei e a autoridade. Anarquia protagonizada pelos chefes locais: "[...] cabecilhas improvisados, à frente de clientes façanhudos, estes novos potentados, de recente grandeza se impunham pelo terror a povoações inteiras, como os bandos da Idade Média sedentos de riquezas e de ostentações".[44] A era dos potentados – conceito forjado por Vasconcelos –, caracterizada pela barbárie em oposição à ordem pública, só se encerraria, segundo ele, com a chegada de Antônio de Albuquerque, verdadeiro herói civilizador, responsável pelo início do processo de centralização administrativa que culminaria, anos depois, com a mão de ferro do Conde de Assumar, a quem coube a missão histórica de "firmar o princípio de autoridade em bases independentes, e o regime da lei acima das paixões".[45] A cisão da história mineira entre uma era dos potentados e uma época de ordem institucional fincaria depois raízes profundas na historiografia sobre Minas, estabelecendo um modelo de interpretação pouco questionado até hoje.[46]

A tópica da superação da barbárie em direção à ordem e à civilização provinha, sem dúvida, dos textos do século XVIII. Do relato de Antonil, o seu primeiro formulador, a quem coube projetar para a região recém-descoberta o imaginário clássico sobre a desordem moral e política inerente às terras auríferas, a imagem migraria para o discurso político dos

---

[42] VASCONCELOS, 1999, p. 380.
[43] VASCONCELOS, 1999, p. 346.
[44] VASCONCELOS, 1999, p. 235.
[45] VASCONCELOS, 1999, p. 380.
[46] AGUIAR, Marcos Magalhães de. *Negras Minas: uma história da diáspora africana no Brasil colonial*. São Paulo: USP, 1999. Tese (Doutorado em História) – Departamento de História, Universidade de São Paulo, 1999, p. 45-48. Marcos Magalhães de Aguiar chamou a atenção para a cronologia estabelecida por Diogo de Vasconcelos.

emboabas, durante a deflagração do conflito em 1708. Foram os adversários dos paulistas que inauguraram, na cultura política local, o modelo da superação da barbárie em direção à institucionalização política, para explicar o sentido mais profundo da história mineira em seus princípios.[47] Na justificação do levante emboaba, eles se apresentaram como o único partido capaz de garantir a ordem e os valores da civilização em meio aos paulistas bárbaros e indômitos, estabelecendo um ponto de inflexão entre a fase das descobertas e o início efetivo do processo de colonização.[48] Décadas mais tarde, o discurso de inspiração paulista, presente no poema "Vila Rica", de Cláudio Manuel da Costa, operaria um deslocamento nesse modelo de interpretação, situando na pessoa do governador Antônio de Albuquerque – e não em Manuel Nunes Viana, o líder emboaba – o início do estabelecimento da ordem pública nas Minas. Às voltas com o propósito de enaltecer a epopeia paulista – e, ao mesmo tempo, herdeiro da tópica da anarquia primordial –, Cláudio Manuel da Costa reescreveu a história dos primeiros tempos da capitania, subvertendo por completo a versão emboaba. O herói do poema, Antônio de Albuquerque, representante da ordem e do poder metropolitano, atravessa o território das Minas sob o beneplácito dos paulistas, que o acompanham durante a difícil travessia dos sertões.[49] Ali, os emboabas encarnam a desordem e o caos. Mas, ao final, o que interessa é o triunfo do Estado português, personificado na figura grandiosa de Antônio de Albuquerque.[50]

---

[47] ANDRADE, Francisco Eduardo de. *A invenção das Minas Gerais – empresas, descobrimentos e entradas nos sertões do ouro da América Portuguesa*. Belo Horizonte: Autêntica; PUC Minas, 2008, p. 121. Um dos primeiros a chamar a atenção para a influência da tópica da condenação do ouro e sua associação com a desordem social foi Francisco Eduardo de Andrade. Segundo ele, "na tradição da literatura política e teológica portuguesa da época moderna, o lugar de extração de minerais preciosos era visto como possuindo especificidades sociais, econômicas e geofísicas, obrigando os envolvidos com as minas a ações políticas e morais correspondentes à necessidade de remediar a sua inerente instabilidade social".

[48] Analisei mais detidamente o discurso emboaba em: ROMEIRO, Adriana. *Paulistas e emboabas no coração das Minas – ideias, práticas e imaginário político no século XVIII*. Belo Horizonte: Ed. UFMG, 2008.

[49] COSTA, Cláudio Manuel da. Vila Rica. In: PROENÇA FILHO, Domício (Org.). *A poesia dos inconfidentes: poesia completa de Cláudio Manuel da Costa, Tomás Antônio Gonzaga e Alvarenga Peixoto*. Rio de Janeiro: Nova Aguilar, 1996, p. 372.

[50] ROMEIRO, Adriana. A construção de um mito – Antônio de Albuquerque e o levante emboaba. *Tempo*, v. 15, n. 29, p. 167-188, 2010.

O certo é que, por todo o século XVIII, a imagem dos primeiros tempos como uma época de anarquia se cristalizaria na tradição memorialística mineira, a exemplo de José Joaquim da Rocha, para quem "bem se pode considerar o estado em que se achavam as Minas por todo este tempo, em que só o despotismo e a liberdade dos facinorosos punham e revogavam as leis ao seu arbítrio. O interesse regia as ações e só se cuidava em aviltar em riquezas, sem se consultarem os meios proporcionados a uma aquisição inocente. A soberba, a lascívia, a ambição, o orgulho e o atrevimento tinham chegado ao último ponto".[51]

Presente também em Teixeira Coelho, a tópica da anarquia primordial é quase uma paráfrase de Antonil. Em suas palavras, "[...] a notícia do descobrimento do ouro na capitania de Minas logo se espalhou por toda a América e neste Reino; de todas as partes entraram a concorrer novos povoadores movidos da sua ambição".[52] Sobre os inícios da sociedade mineira, ele escreve que "isto não era delito naqueles calamitosos tempos em que os povos, furiosos, se supunham na liberdade natural que competia a cada um dos que viveram antes do estabelecimento das diversas sociedades a que dão o nome de estados, e mal podia um homem, por autoridade própria, fazer obediente um povo que se opunha às ordens dos mesmos governadores, que estavam munidos da autoridade do monarca".[53] Não diferia muito a avaliação de Diogo Pereira Ribeiro de Vasconcelos, em sua *Breve descrição geográfica, física e política da capitania de Minas Gerais*, para quem Antônio de Albuquerque fora o responsável por ter sufocado a anarquia das Minas, abrindo caminho para a consolidação da ordem, que aconteceria sob o governo do Conde de Assumar.[54] É bem curioso observar que, para Vasconcelos, a anarquia é inseparável da tópica da natureza selvagem e hostil, que se

---

[51] ROCHA, José Joaquim da. *Geografia histórica da capitania de Minas Gerais: descrição geográfica, topográfica, histórica e política da capitania de Minas Gerais*. Estudo crítico de Maria Efigênia Lage de Resende. Belo Horizonte: Fundação João Pinheiro, Centro de Estudos Históricos e Culturais, 1995, p. 84.

[52] COELHO, José João Teixeira. *Instrução para o governo da Capitania de Minas Gerais*. Estudo crítico de Francisco Iglésias. Belo Horizonte: Fundação João Pinheiro, Centro de Estudos Históricos e Culturais, 1994, p. 110.

[53] COELHO, 1994, p. 124.

[54] VASCONCELOS, Diogo Pereira Ribeiro de. *Breve descrição geográfica, física e política da capitania de Minas Gerais*. Belo Horizonte: Fundação João Pinheiro 1994, p. 90.

revela primeiramente no caráter inóspito e refratário à presença humana: em suas palavras, tratava-se de "um mundo em suma entregue à luta selvagem e universal da natureza anárquica".[55] Para ele, a tendência à anarquia pertence ao domínio dos instintos, vale dizer, à natureza mais bruta e selvagem dos homens: nos sertões, a barbárie é representada não só pelas tribos que ali vivem, mas também pelo afluxo dos "facinorosos brancos ou mestiços perseguidos pela justiça".[56] Situados também num estágio próximo à natureza, estavam os "mestiços e mamelucos", aos quais Vasconcelos nutria especial aversão, pois que viviam na fronteira oscilante e tênue entre a selvageria e a civilização. Segundo ele, "o povoamento se fez com gente passando por todos os estágios de civilização, desde o elemento bárbaro dos índios e africanos, até os mais esclarecidos letrados desse tempo".[57] Para vencê-la, era preciso o recurso à autoridade, única capaz de sufocar as paixões e favorecer as virtudes.[58] Metáforas como desvelar, revelar, iluminar, que remetem para a ideia das trevas que se afastam e o sertão que se abre, pontuam a narrativa. Belíssima é a passagem em que descreve, com delicada sensibilidade, a chegada de Antônio Dias a Ouro Preto:

> Foi no dia seguinte, alvorecendo, sexta-feira, 24 de julho de 1698, os bandeirantes ergueram-se e deram mais alguns passos: todo o panorama estupendo do Tripuí, iluminado então pela aurora, rasgou-se dali aos olhos ávidos: e o Itacolomi, soberano da cordilheira, estampou-se nítido e firme no cerúleo do céu, que a luz recamava de púrpura e ouro, de anil e rosas [...] Foi essa a madrugada em que realmente se fixou a era cristã das Minas Gerais. Estava descoberto o Ouro Preto.[59]

É curioso observar como a visão negativa da natureza convive, lado a lado, com o elogio dos descobridores e dos sertanistas. Para Vasconcelos, a proximidade que estes mantinham com o mundo natural, a exemplo do domínio das sofisticadas técnicas de sobrevivência nos matos, não se traduzia numa relação harmoniosa ou simbiótica,

---

[55] VASCONCELOS, 1999, p. 119.
[56] VASCONCELOS, 1999, p. 17.
[57] VASCONCELOS, 1999, p. 317.
[58] VASCONCELOS, 1999, p. 381.
[59] VASCONCELOS, 1999, p. 134.

como queriam os seus detratores. Ao contrário, ele os considerava os responsáveis pelo devassamento dos sertões, os protagonistas por excelência da luta entre a civilização e a natureza, espécie de turbilhão convulsionado pela luta dos elementos e pela tendência à anarquia.[60] Aqui, mais uma vez, Vasconcelos revela a sua familiaridade com os textos do século XVIII, especialmente as narrativas de origem paulista, que inspirariam depois o próprio Cláudio Manuel da Costa, em seu poema "Vila Rica". Natureza em tudo adversária dos homens, lugar de sofrimento e morte.[61] É com evidente júbilo que ele narra a cena primordial não da descoberta, mas da fundação do povoado do Ribeirão do Carmo. É este o ato que assinala a inflexão entre a barbárie e a civilização: a mão do homem, que segurando o machado, deita abaixo florestas e mato, para dar lugar a ranchos e casas de vivenda. É em torno deste conflito entre a anarquia e a ordem civil, entre as trevas profundas do sertão e a claridade solar dos arraiais que se desenrola a história mineira. Assim é que ele descreve o momento em que o coronel Salvador Fernandes Furtado de Mendonça, da velha cepa dos paulistas, acaba de chegar ao topo da Serra de Bento Leite: "[...] apenas bastam para se compararem a este os mais belos panoramas do mundo. Dali se abriu o quase infinito horizonte de Mato Dentro; e nunca os aventureiros haviam contemplado âmbito mais vasto de serranias longínquas. Baralhados num batalhão de nuvens, os penhascos do Tripuí bem perto escondiam, contudo, a baliza, que procuravam, a meta dos aventureiros".[62] E acrescenta, logo em seguida, "fitando desse alto o mundo estendido a seus pés, e que somente esperava a sua voz para emergir da barbaria, o Coronel arrancou-se do êxtase e deu o sinal de marcha".

---

[60] Um excelente estudo sobre a geografia trágica na poesia de Cláudio Manuel da Costa encontra-se em: ALCIDES, Sérgio. *Estes penhascos: Cláudio Manuel da Costa e a paisagem das Minas, 1753-1773*. São Paulo: Hucitec, 2003.

[61] RESENDE, Maria Efigênia Lage de. A disputa pela história: traços inscritos na memorialística histórica mineira dos finais do setecentismo. *Varia História*, Belo Horizonte, n. 20, p. 63, mar. 1999. Como bem observou Maria Efigênia, "nos seus relatos, a ideia de persistência dos paulistas, da sua coragem diante das dificuldades das jornadas, culmina com a tristeza de não ter podido Fernão Dias Pais ter a glória de retornar a São Paulo para apresentar ao soberano o testemunho do seu zelo e lealdade".

[62] VASCONCELOS, 1999, p. 132.

Na *História Antiga das Minas Gerais*, Vasconcelos se viu às voltas com um paradoxo: como conciliar a visão positiva dos paulistas com a simpatia pela Guerra dos Emboabas, se foram eles os seus grandes perdedores? Afinal, para ele, a revolução liderada por Manuel Nunes Viana fora a primeira tentativa bem-sucedida de pôr fim à era dos potentados, introduzindo algum tipo de ordem em meio ao caos dos primeiros tempos. Em suas palavras, "[...] não foi, portanto, uma revolução bárbara aquela, qual se tem julgado até hoje. Ela se justifica e se legitima a nossos olhos, como fenômeno reacionário e próprio das situações apertadas, quando a sociedade, conservando ainda instintos do direito, quer se salvar do seu total e afrontoso aniquilamento".[63] O levante dos emboabas contra os paulistas precipitara também o envio de Antônio de Albuquerque, que, com sua habilidade e senso de justiça, aplacara as dissensões e dera início ao processo de implantação das instituições públicas na nova capitania. Das suas mãos nasceram as vilas e câmaras – estas últimas, "princípio e ainda base das instituições liberais".[64] Teria sido a derrota paulista o preço a pagar pela vitória da civilização? Os eventos dos anos 1708 e 1709 se desdobrariam depois na atuação enérgica do Conde de Assumar, avançando ainda mais no processo de institucionalização da capitania. Ao contrário de seus contemporâneos, Vasconcelos não via na Revolta de Vila Rica a expressão de um genuíno e legítimo descontentamento popular contra a sanha despótica da Coroa portuguesa. Ao contrário, parecia partilhar do juízo negativo do Conde de Assumar, justificando a repressão violenta ao movimento pelas necessidades daquele momento histórico: "[...] e a missão histórica do Conde foi essa a de firmar o princípio da autoridade em bases independentes, e o regime da lei acima das paixões".[65] Depois dele, o caminho estava desbravado e livre dos instintos de anarquia. Como bem observou o historiador Marcos Magalhães Aguiar, a interpretação de Vasconcelos tem por sentido o processo de imposição do Estado português nas Minas, que se divide em dois tempos distintos: da fase do descobrimento até a Guerra dos Emboabas, quando tem

---

[63] VASCONCELOS, 1999, p. 249.
[64] VASCONCELOS, 1999, p. 294.
[65] VASCONCELOS, 1999, p. 380.

lugar a era dos potentados, e o período de 1708 até 1720, que assinala o início da organização administrativa da capitania, com a criação das vilas e câmaras.⁶⁶ A partir de 1720, depois do governo do Conde de Assumar, com a extinção dos potentados, a capitania conhece um período de franca centralização política.

Mais recentemente, Marco Antonio Silveira situou na obra de Vasconcelos o paradigma que tem influenciado os estudos sobre a história mineira, chamando a atenção para as matrizes teóricas dessa interpretação. Segundo ele,

> [...] nesse modelo interpretativo, o Estado, ainda que também represente um passo decisivo na evolução da nacionalidade brasileira por catalisar as indispensáveis formas universais, só pode ser compreendido, em consonância com os pressupostos da filosofia da história oitocentista, como parte de uma estrutura lógica de desenvolvimento: dialeticamente, antes que se alcançasse a liberdade civil e republicana, ele deveu assumir uma forma despótica, o absolutismo.⁶⁷

Talvez as melhores pistas sobre as concepções políticas e históricas de Vasconcelos estejam no discurso de inauguração do Instituto Histórico e Geográfico de Minas Gerais. Para ele, "[...] a ordem não é senão a liberdade do direito natural do povo associado à soberania exercida pelo poder público".⁶⁸ O delicado equilíbrio entre liberdade e soberania pode conduzir tanto à anarquia quanto ao despotismo – e tanto um quanto outro conspira contra o verdadeiro princípio da história. Pois, para Vasconcelos, o drama humano revelado pela história carregava um sentido primordial: o do progresso. Por trás dos eventos, o que se percebe é a força que move os homens em direção à civilização, como um instinto vital, incutido pela Providência, e que sobrevive aos acidentes e peripécias da própria história, como uma

---

⁶⁶ Um exemplo da persistência da interpretação histórica de Vasconcelos encontra-se em: IGLÉSIAS, Francisco. Minas e a imposição do Estado no Brasil. *Revista de História*, São Paulo, p. 257-73, 1974.

⁶⁷ SILVEIRA, Marco Antônio. Guerra de usurpação, guerra de guerrilhas: conquista e soberania nas Minas setecentistas. *Varia História*, Belo Horizonte, n. 25, p. 124, jul. 2001.

⁶⁸ VASCONCELOS, Diogo de. Instituto Histórico e Geográfico de Minas Gerais. *Revista do Arquivo* Público Mineiro, p. 218, 1909.

espécie de predestinação. Em suas palavras, "[...] pesquisar portanto nas páginas descritivas do passado, as sínteses que a Providência extraiu dos acontecimentos, distinguir e conhecer as lições que essas sínteses encerram e autorizam, proclamar o triunfo infalível da virtude sobre o vício, do direito sobre a tirania, eis, senhores, portanto, a crítica em sua elevada missão criadora".[69] Aquilo que se afigurava nebuloso aos homens do passado, posto que estes mal podiam vislumbrar a unidade de suas ações, revela-se por obra do historiador através do esforço de síntese. Contraditoriamente, dizendo-se avesso a todo tipo de fatalismo, ele recusa todas as filosofias de história que prescindem da liberdade e do livre-arbítrio: ataca Comte, Bossuet, Hegel, Montesquieu, Voltaire, Renan, entre outros, censurando-os por ignorar o instinto de perfectibilidade inerente a toda a humanidade.

Católico fervoroso, tendo cogitado criar em Minas um Partido Católico, Vasconcelos declarava-se monarquista impenitente: o advento da República fê-lo, num primeiro momento, se retirar, decepcionado, da vida pública.[70] No entanto, apesar de suas convicções políticas, considerava a Inconfidência o fato culminante da história mineira, pretendendo mesmo dedicar-lhe toda uma obra, projeto que nunca se realizou. Na figura de Tiradentes, via a expressão das virtudes que tanto admirava nos primeiros descobridores: "[...] é o senso prático, são as maneiras, é a força de vontade, é a disposição para o sacrifício, que produzem o condão dos chefes, e só estes sabem harmonizar as vontades e congregar, por isso, as esperanças de um partido".[71] Como os descobridores, Tiradentes antecipava a própria história, seguindo adiante de seu tempo, porque fora ele quem semeara a ideia de república – e apesar de sua profunda admiração, Vasconcelos, conservador como sempre, justificava a violência do "poder absoluto", observando que "se a liberdade está no seu papel conspirando, a autoridade está também no seu conservando-se".[72]

---

[69] VASCONCELOS, 1909, p. 218.

[70] Basílio de Magalhães cita o relato biográfico, de autoria de Almeida Nogueira, onde consta que, "com o advento da República, o dr. Diogo de Vasconcelos tem-se retraído totalmente da vida pública. Não se deu isto, logo nos primeiros tempos, sem algum protesto [...]" (VASCONCELOS, 1999, p. 32).

[71] VASCONCELOS, 1999, p. 332.

[72] VASCONCELOS, 1999, p. 336.

Determinado a penetrar no passado como "terra estrangeira", sem incorrer em juízos anacrônicos, cuidando sempre daquilo que chama, muito apropriadamente, de "psicologia da época", Vasconcelos, porém, jamais se exime de demonstrar sua simpatia pelos agentes da ordem. Em relação aos quilombos, considera-os uma verdadeira praga – apesar de observar que "eram esses infelizes os instrumentos de trabalho único em uma sociedade que nem água bebia senão pela mão deles".[73] Indigna-se diante das palavras de um procurador, que ousou afirmar que "as minas foram achadas e povoadas sem auxílio algum da Fazenda de Sua Majestade. Contente-se portanto com o que quiser o povo dar-lhe à conta dos quintos e com o direito de fabricar a moeda".[74] Sobre os quintos, atribuiu à incúria a má fama deles, lembrando que "em si nada tinham de vexatório, ou de grave, e só se tornaram odiados em razão das formas desiguais e imperfeitas como se executavam".[75]

Apesar de seu conservadorismo, a obra de Vasconcelos é, em seu conjunto, o registro das tensões que marcaram a vida política nas Minas ao longo do século XVIII. Da primeira à última página, o que está em jogo não é a bem-sucedida implantação do poder metropolitano, nem a vitória do Estado português. É, sobretudo, a fragilidade da ordem num mundo ameaçado constantemente pela desordem – desordem intestina, inerente à formação da sociedade, como uma espécie de pecado original. A longa série de revoltas e motins, muitos dos quais coube a Vasconcelos a primazia de trazer à luz, expressa o quão conflituoso foi o processo de controle político da região.

Antecipando em quase um século as mais recentes abordagens historiográficas, Vasconcelos identificou nas câmaras um espaço de negociação, observando que, "por serem eletivas, eram de fato as válvulas do desabafo e o espírito de oposição, bem contra o que hoje se pensa daquele tempo, ora debaixo da cinza em flamas veementes, tinha sempre o seu fogo aceso".[76] Relativizou o pretenso despotismo – que, à época,

---

[73] VASCONCELOS, 1999, p. 190.

[74] VASCONCELOS, 1981, p. 77.

[75] VASCONCELOS, 1999, p. 286. Vasconcelos foi um dos primeiros a chamar a atenção para a centralidade da questão dos quintos na economia mineira, atribuindo-lhe a origem pelos conflitos entre a população e as autoridades.

[76] VASCONCELOS, 1981, p. 80.

incendiava uma historiografia francamente nacionalista e republicana –, notando que, no século XVIII, formou-se o "inventário das ideias liberais", mediante as práticas políticas derivadas da estrutura administrativa de origem ibérica.[77] Enfatizou a relação de continuidade entre colônia e metrópole, e concluiu que, "desdobrando a metrópole em todos os seus característicos nacionais e, gozando das formas republicanas do município, pelas quais se implantou o direito comum do Reino, era todavia destinada a produzir o ouro [...]".[78]

Complexa, dividida entre o passado e o futuro, a obra de Vasconcelos estabeleceu a transição definitiva entre a tradição memorialística novecentista e a nova historiografia fundada nos métodos de investigação empírica, alcançando um novo estatuto. Temas hoje recorrentes nos estudos históricos, como poderes locais, administração, revoltas e motins, sertanismo, entre tantos outros, foram explorados por Vasconcelos num tempo em que a história parecia totalmente absorvida por um enfoque estritamente factual. É talvez essa sensibilidade incomum para aspectos aparentemente secundários – mas de peso decisivo na compreensão do mundo colonial – que explique a atualidade e o vigor de uma obra escrita há mais de 100 anos.

---

[77] VASCONCELOS, 1999, p. 288.
[78] VASCONCELOS, 1999, p. 312.

A "barca agitada no mar de Tiberíades" e as fronteiras de Minas Gerais na *História* de Diogo de Vasconcelos

Francisco Eduardo de Andrade

Hermenêutica do cristianismo e figuração do passado

Em 1885, quando morre a sua avó, Henriqueta Firmina da Rocha, que vivia em Mariana, Diogo de Vasconcelos ficou profundamente triste e sentiu os impactos da perda e da morte. Escrevendo no jornal *A União*, dois anos depois, com a lembrança da data, busca no tom melancólico da memória um reencontro com o seu passado familiar.

> Fecho os olhos hoje ao livro da história universal, para abri-los à história de meu coração, pequeno mundo interior, onde, que perdure, somente já resta a tristeza dos túmulos [...]. O tempo vai nos separando sucessivamente das pessoas, dos lugares e das coisas que mais amamos, de sorte que a vida se despedaça de hora em hora.[1]

Era um passado senhorial, fundado na trajetória de uma família da elite mineira, de ascendentes envolvidos na rede da administração estatal desde o período colonial. A linhagem de bacharéis era expressiva, sendo trineto de João de Souza Barradas, importante advogado de Mariana, bisneto de Diogo Pereira Ribeiro de Vasconcelos (magistrado e memorialista), e sobrinho-neto de Bernardo Pereira de Vasconcelos,

---

[1] VASCONCELOS, Diogo de. À memória de D. Henriqueta Firmina da Rocha. *Artigos publicados na União em 1887*. Ouro Preto: Tipografia do Estado de Minas, 1893. Tratava-se de periódico, publicado em Ouro Preto, do partido conservador.

da elite política saquarema do Império brasileiro.[2] Também, agora pelo lado materno, era bisneto do conselheiro José Joaquim da Rocha, que advogou no Rio de Janeiro no início do século XIX, apesar de não ser formado, mas onde "se distinguiu com exímia aptidão". Este "sentido aristocratizante" da narrativa, conforme Francisco Iglesias,[3] é notável nos livros da *História* de Diogo de Vasconcelos, com seu apego às genealogias, especialmente aquelas que diziam respeito aos mais prestigiosos troncos familiares paulistas que povoaram as Minas, como o de Fernão Dias Pais (Paes Leme), vinculado à sua descendência na zona do ribeirão do Carmo.[4]

Nessa lembrança da vida dos antepassados, desmentindo a retórica negação de entrada na "história universal", Diogo lamenta a crise de um tempo, próprio de um *ancien régime* sociopolítico, desde que a "revolução" francesa "aboliu toda a sorte de aristocracia e de classes". Numa imagem infernal, ele ainda observa que "as chamas do terrível incêndio derramaram a desordem até à apostasia". Contudo, não deixa de exprimir o atavismo do seu liberalismo por meio das reações do seu bisavô, o conselheiro José Joaquim, cujo ideário formado à roda dos inconfidentes enfim concretizou-se na Independência do Brasil; o bisavô torna-se "o diagrama entre duas épocas, entre o patíbulo de 21 de abril de 1792 e o fato de 7 de setembro". O bisavô era jovem no final do

---

[2] Observou-se que a educação bacharelesca, conformada à lógica do funcionalismo estatal, modelava a formação do advogado. Esta, baseada na "tradição jurídica de Coimbra, seguida de treinamento e carreira no aparelho de Estado", foi um fator nivelador das posições ideológicas e políticas dos membros fundadores do Instituto Histórico e Geográfico Brasileiro (IHGB) – e da elite política imperial. Cf. GUIMARÃES, Manoel L. Salgado Guimarães. Nação e civilização nos trópicos: o Instituto Histórico e Geográfico Brasileiro e o projeto de uma História Nacional. *Estudos Históricos*, Rio de Janeiro, n. 1, p. 10, 1988. No final do Império, os políticos e os funcionários da administração pública, formados nas academias brasileiras e originários dos "setores urbanos", compunham a maioria dos sócios do IHGB. Cf. GUIMARÃES, Lúcia M. Paschoal. Debaixo da imediata proteção de Sua Majestade Imperial: o Instituto Histórico e Geográfico Brasileiro (1838-1889). *Revista do Instituto Histórico e Geográfico Brasileiro*, Rio de Janeiro, v. 156, n. 388, p. 487-498, jul.-set. 1995. *Revista do Instituto Histórico e Geográfico Brasileiro*, doravante abreviada RIHGB).

[3] IGLÉSIAS, Francisco. *História Antiga das Minas Gerais*. 4. ed. Belo Horizonte: Itatiaia, 1999, p. 25-26. (Apresentação da Reedição de Diogo de Vasconcelos).

[4] Cf. VASCONCELOS, Diogo de. *História Antiga das Minas Gerais*. Ouro Preto: Beltrão & C. Livreiros Editores, 1901, p. 221-222.

século XVIII, assim como as ideias daqueles "sonhadores prematuros", e o seu amadurecimento, Diogo sugere, representa o amadurecimento da própria nação.[5]

É notável como Diogo de Vasconcelos enreda a biografia da família à biografia da nação, ou melhor, da "pátria" – a terra natal, o lugar originário, a região ou território de Minas Gerais –, e isso se manterá no plano da sua *História* de Minas Gerais. Daí, também, a sua pátria concebida em espaços concêntricos: desde o lugar do ribeirão do Carmo – a cidade de Mariana – ao território de Minas Gerais. Elevando o tom da eloquência durante as comemorações do bicentenário municipal em 1911, ele chega a apresentar o descobrimento e a (primeira) missa dessa terra natal como expressão (pós)figurada do descobrimento e do outro ofício divino de batizado do Brasil (narrado por Pero Vaz de Caminha).[6] Alinhando-se às premissas metodológicas do Instituto Histórico e Geográfico Brasileiro (a sua face predominante no Império), ele faz a junção entre o período formador, desde a saga da conquista bandeirante até a conjuração mineira, que compunham a história de amplitude nacional, e a genealogia das figuras (ou parentes) de vulto.[7] Desse modo, torna-se lícito ainda o recurso à memória, pessoal e de grupo, num exercício de interpretar ou imaginar motivos ou sensações verossímeis.

Observa-se que a concepção de história de Diogo de Vasconcelos segue a chave tradicional da *historia magistra vitae*, entretanto, a exemplaridade humana prende-se, organicamente, aos contextos singulares,

---

[5] VASCONCELOS, 1893.

[6] *Bi-centenário de Mariana (Vila de Nossa Senhora do Carmo) – 1711-1911, 5 de julho*. Discurso oficial do orador oficial Dr. Diogo Luiz de Almeida Pereira de Vasconcelos. Belo Horizonte: Imprensa Oficial do Estado de Minas Gerais, 1912, p. 9-11. Diogo estabelece o texto da narrativa de Caminha na forma de diário, e com entradas críticas, em livreto editado anos antes. Assim, por exemplo, ele não vê a verdade documental estampada na pintura acadêmica *A primeira missa no Brasil* (1861): "[...] parece-se muito com a primeira missa de *Kabyla*, o pitoresco painel de Vernet". Cf. VASCONCELOS, Diogo de. *Diário de Vera Cruz*. Belo Horizonte: Editores Paes e Companhia Livreiros, 1908, p. 47.

[7] Cf. CAMPOS, Pedro Moacyr. Esboço da Historiografia Brasileira. In: GLÉNISSON, Jean. 3. ed. *Iniciação aos Estudos Históricos*. São Paulo/Rio de Janeiro: Difel, 1979, p. 258; MOREL, Marco. Nação e revolução: o rubro veio historiográfico no Brasil na primeira metade do século XIX. In: CHAVES, Cláudia M. Graças; SILVEIRA, Marco A. *Território, conflito e identidade*. Belo Horizonte: Argumentum; Brasília: Capes, 2007, p. 181-204.

originais, da sua *História*. Escrevendo sobre a figura violenta do governador Conde de Assumar, ele ensina, de acordo com o procedimento historicista:

> [...] para julgarmos [...] convém, visto não podermos fazer aquele mundo reaparecer, voltarmos a ele, como simples viajantes em país longínquo, estudando as coisas e os homens em seu meio, e não os querendo prejulgar segundo as nossas ideias, nossos costumes, nossos sentimentos e moralidade; a menos, que em lugar da história ponhamos a vida de figuras romanescas.[8]

O método documental de pesquisa e a narrativa (a retórica textual) do passado – dois ingredientes necessários para a composição historiográfica[9] – transparecem nas proposições de Diogo, mas somente a verdade literária (ou meramente historiográfica, digamos) não bastava para ele. Daí, o princípio teórico-metodológico essencial do julgamento.

Havia, com efeito, discordância no círculo intelectual de Diogo quanto ao princípio pragmático mais essencial da história. Na reunião de fundação do Instituto Histórico e Geográfico de Minas Gerais, na tarde do dia 16 de junho de 1907, Antônio Augusto de Lima, republicano que governou interinamente, e que era o diretor do Arquivo Público Mineiro e redator do seu periódico, observa que, com a criação do Arquivo em 1895, o governo mineiro contribuiu para a "formação da nossa história, guarda e conservação dos nossos preciosos documentos". Foi essa medida

---

[8] Cf. VASCONCELOS, Diogo de. *História Antiga das Minas Gerais*. Belo Horizonte: Imprensa Oficial do Estado de Minas Gerais, 1904, p. 363-364.

[9] João Manuel Pereira da Silva, em 1849, examinando a *História da América Portuguesa*, de Rocha Pita (RIHGB, v. 12, p. 266, 1849), resume o método da história, que se pode observar nos trabalhos de Diogo de Vasconcelos. O historiador do IHGB, conhecido por seus livros no século XIX, ensina, lembrando do jogo, na exposição, entre a narração e a explicação: "Examinada e conhecida a verdade dos acontecimentos, ouvida a voz dos séculos passados, a voz própria e verdadeira, cumpre ao historiador ainda narrar e descrever, e de par com a narração e a descrição julgar e moralizar. A história é uma missão nobre e elevada, que aperfeiçoa a inteligência, purifica o espírito, esclarece a consciência, e adorna o coração. A descrição e a moralização, a pintura e o juízo, a narração e o raciocínio, são elementos indispensáveis para traçar-se o grande quadro dos acontecimentos humanos, indagar-lhes as causas, descobrir-lhes os resultados, ligar a vida do indivíduo à vida da sociedade, reunir o homem à espécie, e formar assim essa grande lição, para que foi instituída a história". Cf. MEGILL, Allan. Pensar la historia. Relatando el passado: "descripción", explicación y narrativa en la historiografía. *Historia Social*, Valência, n. 16, p. 71-96, 1993.

que garantiu, para Augusto de Lima, a produção de um "opulento repositório, as *Efemérides Mineiras*" (1897), obra do organizador e primeiro diretor do Arquivo, José Pedro Xavier da Veiga, e a "divulgação de um grande número de fatos e documentos da nossa história", referindo-se, com certeza, à *Revista do Arquivo Público Mineiro*, editada a partir de 1896 em Ouro Preto. Para o diretor do Arquivo, tal organização que se define, sugere, por esse propósito historiográfico, "não devia ficar isolada"; por isso, a necessidade, sentida por muitos (entre eles, Nelson de Senna), de fundação de "um Instituto".

Pedro Lessa, magistrado e professor da Faculdade de Direito de São Paulo, que discursa na mesma reunião, se opõe à prática historiográfica que parecia preconizada pelo diretor, considerando talvez que regeria os rumos e as atividades do novo Instituto. Lembrando que, embora as narrativas de história da antiguidade clássica fossem fantasiosas, de "amplificação imaginosa", conforme "um gênero literário", elas "visavam à educação política e moral, inspirada nos fortes exemplos de virtudes, do heroísmo e patriotismo". Apesar de o método crítico da pesquisa dos fatos ter derrubado essa "conceituação ingênua" dos antigos, contrapondo-se à exposição ou "criação romântica", "a história continua mestra da vida, não se limita a reunir os fatos humanos, de cujo exame comparativo se induzem as leis sociológicas; proporciona ensinamentos práticos, lições de imediata utilidade, exemplos vivamente sugestivos, que os estadistas não podem deixar de aproveitar".[10]

---

[10] *Revista do Arquivo Público Mineiro*, Belo Horizonte, v. 14, 1909, p. 5-9. Ata da sessão de fundação do Instituto Histórico e Geográfico de Minas Gerais. (*Revista do Arquivo Público Mineiro*, doravante abreviada RAPM). A fala de Pedro Augusto Lessa Carneiro não foi diretamente transcrita, pois não parece um discurso preparado de antemão. Ele era mineiro, nascido no Serro; tornou-se catedrático de filosofia e história do direito, "afastando-se [nos seus estudos] do positivismo e do evolucionismo". Cf. DICIONÁRIO *biográfico de Minas Gerais*: período republicano – 1889-1991. [Coordenação de Norma de Góis Monteiro]. Belo Horizonte: Assembleia Legislativa do Estado de Minas Gerais, 1994, p. 340. Lúcia Guimarães, comparando as fontes impressas ("documentos não contemporâneos", anteriores a 1838) com as "obras historiográficas", verifica que o número daquelas supera muito o destas na revista do IHGB (volumes publicados entre 1839 e 1889). Contudo, pode-se observar (tabelas 3 e 4) que as "memórias históricas" ("dissertações sobre um tema histórico", em geral, alheias ao passado incômodo e recente – período 1817-1838, ou assombrado pela conspiração mineira de 1788) predominam como prática historiográfica no interior do IHGB (notadamente na segunda metade do século), bem acima da quantidade que se

Dois meses depois, em agosto, Diogo, como orador oficial, faz um discurso esclarecedor para a sessão de instalação do Instituto Histórico e Geográfico de Minas Gerais. Estavam presentes, entre outros estudiosos convidados para o encontro, Max Fleiuss, secretário do Instituto Histórico e Geográfico Brasileiro (IHGB), Capistrano de Abreu e Barão de Studart. O orador começa retomando um lugar comum dos historiadores ali presentes, já apresentado por Pedro Lessa, sobre as lições da história para o presente: "[...] os anais, as memórias, as biografias dos homens ilustres, encerram em síntese, alguma coisa mais preciosa que a narração inerte e fria dos tempos e dos acontecimentos". Dos monumentos aos mortos,

> [...] enseiva-se a identidade de nossa mente, e avigoram-se nossas ideias e virtudes pela memória feliz de nossos antepassados, a ponto que se diga e com razão, que os mortos governam os vivos, assim também [...], é dos arquivos empoeirados, de monumentos carcomidos e atas do passado, que se irradia a continuidade anímica de nossa existência coletiva, iluminada pelos votos e testemunhos tantas vezes dolorosos da velha experiência.[11]

Diogo também avalia que o "principal serviço instrutivo" da história não é esse que reúne a "relação dos fatos" (narrativa) e a "pintura dos caracteres" (descrição), pois tal procedimento crítico ou científico é análogo às práticas das outras "ciências humanas".[12] A história distingue-se, tornando-se a mais valiosa e humana das ciências, porque de "seu inventário mudo com a eloquência e simplicidade dos resultados nos fala

---

apresenta em um item específico de crítica documental, como "pesquisas de documentos". Cf. GUIMARÃES, Lúcia M. Paschoal, 1994, p. 508-522.

[11] Instituto Histórico e Geográfico de Minas Gerais, RAPM, v. 14, p. 214, 1909.

[12] Em sessão do IHGB, Pereira da Silva confere a divisão da tradição historiográfica. Uma "escola" pratica "narrar os acontecimentos, [...] pintar os costumes, e [...] descrever as fisionomias, sem que ousem aventurar a menor observação, a análise a mais ligeira, o mais leve juízo; a história, no seu sentir, é a ata fiel e verdadeira dos tempos, é a crônica dos fatos sucedidos; [...] guardando o historiador a mais absoluta neutralidade, e a imparcialidade a mais escrupulosa". Entre os seus representantes, capitaneados por Heródoto, estão os beneditinos da tradição crítica documental (como Mabillon). O gênero historiográfico, portanto, toma como modelo as *efemérides* (RIHGB, v. 12, p. 263, 1849). Verifica-se que Pereira da Silva e Diogo (entre outros historiadores da virada do século) concebiam a necessidade imperiosa, entre a pesquisa documental e a escrita, de determinada reflexão teórica.

de uma força maravilhosa, a que temos que obedecer". Com necessária ambiguidade, Diogo observa que esta força "se envolve" e "sai" destes resultados, ou seja, dos trabalhos de história, "quando urge tirar o bem do próprio mal, para achar a unidade espontânea e final dos mais variados acontecimentos", e para o esclarecimento da "mira a que os homens inconscientemente se dirigem, através da nuvem tormentosa dos séculos". Na sua visão, não se deve confundir essa humanidade – criação de Deus – fundamental do saber com um enquadramento estrito do homem e da sua razão, próprio do cientificismo ou do positivismo, porque, tendo por objeto o destino humano – a "civilização" no curso do tempo –, que "chamamos nós o progresso" –, a história converge forçosamente a "esse poder, que está acima da previsão e vontade dos homens, [que] chamamos Providência". Para explicar essa duração da humanidade, Diogo lembra a passagem bíblica da "barca agitada no mar de Tiberíades", conduzida por "um ser incompreensível [...] que **dorme dentro dela, para despertar a tempo** e reagir no desânimo geral, fortificando a nossa fé, serenando as borrascas" e apontando, enfim, os "destinos" que, para o historiador, se inscrevem no passado comum e nas tradições. Portanto, Jesus Cristo, o que liga o céu e a terra, e não propriamente a divindade atemporal, sustenta o sentido civilizador, encarnando-se no processo histórico, sem que venha simplesmente substituí-lo por suas leis divinas e naturais. Assim, a história, e os historiadores como seus arautos, guarda a verdade religiosa ou teológica (RAPM, 1909, p. 213-220).

Diogo recusa os determinismos, evocando a antiga equação complexa entre a fortuna (plano humano) e a providência (plano divino), de qualquer "filosofia da história" (ou de processo civilizatório) que se justificasse em único polo: na natureza ou na divindade. Ele critica Herder, Renan, Montesquieu por seus esquemas de "fatalismo" social e histórico baseados na natureza, na raça, no clima, embutidos nas interpretações. Por outro lado, ele se opõe a Hegel (e a Bossuet), embora fosse "menos irritante a doutrina", por asseverar que "tudo é obra" de Deus. Contudo, Diogo questiona, assinalando uma categoria fundamental na sua visão: "Onde está ainda nesta hipótese o papel da liberdade?" Ou do livre-arbítrio? Nesse caso não haveria como apontar as responsabilidades ou avançar um juízo de valor às ações humanas. O historiador não deixa de aprender um pressuposto bastante tradicional, católico, de fundo aristotélico, sobre a ação (ou a função) de Deus no mundo humano ou da natureza: Deus não pode ser a causa *imediata* (ou direta) dos atos ou atitudes dos homens, oscilantes entre o vício e a virtude.[13]

Ao mesmo tempo, voltando-se para Vico (e para Herder, embora não mencione explicitamente) com a *Scienzanuova* e sua concepção cristã das "três idades", o historiador critica o positivismo de Auguste Comte e a sua redução sociológica ("idolatria humanitária"); o seu experimentalismo restrito e falacioso (com "métodos à priori"); sua lógica dedutiva dos fatos; sua simples analogia entre leis da história e leis da natureza. "No positivismo caímos portanto sob o guante [poder despótico] da mesma fatalidade; e tanto basta para ser falso em tudo que respeita ao mundo moral".

Contudo, sugerindo uma inspiração nas três épocas da história de Vico (divina, heroica e humana),[14] Diogo conclui que há mais duas verdades no discurso historiográfico: a verdade filosófica e a verdade política. A primeira diz respeito às obras da civilização resultantes da atividade humana – "a tríplice ciência das coisas intelectuais, morais e naturais" –, próprias da expectativa do futuro. Há um confronto entre a verdade religiosa e a verdade filosófica ao longo da história: nas "sociedades imperfeitas" houve o domínio da verdade religiosa, "dando a lei"; nas sociedades contemporâneas, porém, a verdade filosófica tende a suplantar a outra, que se apega ao passado. Ambas lutam pela "verdade política". E esta seria o quê? "É a ordem; e ordem não é senão liberdade do direito natural do povo associado à soberania exer-

---

[13] Pereira da Silva apresenta uma segunda "escola de historiadores" (Cf. nota anterior), "que pesquisa, e relata os *grandes* acontecimentos do mundo [grifo meu], apresentando-os como efeitos de um fatalismo, cuja marcha é inevitável". Há uma clivagem nesta: a "vereda religiosa, filosófica e simbólica" e "a vereda cética, material e ateia". A primeira funda-se na "razão espiritual dos fatos e seus resultados morais, abstraindo-os da cena do mundo, e da sua descrição e pintura"; nessa acepção "tudo vem de Deus" e ele já determinou o destino dos homens e das sociedades. A segunda tem como seu sentido "a perfectibilidade material" (pior do que dirigir-se, como a outra, a uma suposta perfeição humana); o fim da história é a expansão social, econômica e tecnológica. A primeira, religiosa, da qual fazem parte, por exemplo, Vico, Herder, Bossuet, pelo menos "não mareia a poesia da alma humana". A outra perspectiva, que surgiu da revolução francesa, é bem pior, pois "desmoraliza a consciência, e perturba o espírito" (RIHGB, v. 12, p. 263-265, 1849).

[14] Cf. MEINECKE, Friedrich. *El historicismo e sua gênese*. Tradução de José M. y San Martín e Tomás M. Molina. México: Fondo de Cultura Económica, 1982, p. 56-67. Meinecke qualifica Vico como um precursor do historicismo.

cida pelo poder público: o que basta dizer, para se compreenderem as tremendas perturbações do mundo, quando a soberania, sacrificando a liberdade", submete-se a uma destas "duas rivais, que intentam o império dos espíritos".

O racionalismo do progresso nos moldes ilustrados, para Diogo, não consegue produzir essa ordem político-social-religiosa, mas o cristianismo (ou a adequada "hermenêutica do cristianismo") a revela, como síntese e modelo, "separando aquelas três verdades e contendo-as em sua esfera e competência". Então, o historiador precisa visar a "uma crítica imparcial e justa", nesse "terreno contestado" que é o seu saber, devido ao jogo mutável – melhor dizendo, da dialética – das verdades, para compreender os modos específicos da sua conjunção, obrigando a distinguir, e *individualizar*, tempos, povos e sujeitos. Ser justo, sobretudo, é não exigir dos antepassados o que não se poderia querer ou pensar; como um juiz isento, julgar conforme "as leis do século" (RAPM, 1909, p. 213-220).

Assim, para o historiador, não se trata meramente de um método capaz de apreender a verdade documental, por meio das críticas interna e externa, nos moldes de Langlois e Seignobos. Ele conclama os historiadores a "pesquisar [...] nas páginas descritivas do passado as sínteses, que a Providência extraiu dos acontecimentos, distinguir e conhecer a lição que essas sínteses encerram e autorizam, proclamar o triunfo infalível da virtude sobre o vício, do direito sobre a tirania".[15]

Diogo, advogado que tinha persistente atuação política – parlamentar no Império e no estado de Minas Gerais da Primeira República, agente executivo e presidente da Câmara de Ouro Preto –, enlaçado ao passado monárquico e profundamente comprometido com o catolicismo, distingue-se de Pedro Lessa (no citado aparte) quanto ao magistério da história. Enquanto este observa a função desta "ciência" para a compreensão das forças políticas e econômicas, Diogo dá ênfase à significação cristã e religiosa do curso do tempo, como anteparo moral, e civilizador, ao mundo político e social.[16]

---

[15] Instituto Histórico e Geográfico de Minas Gerais, RAPM, v. 14, p. 213-220, 1909.

[16] Instituto Histórico e Geográfico de Minas Gerais, RAPM, v. 14, p. 213-220, 1909; Ata da sessão solene da instalação do Instituto Histórico de Minas, RAPM, v. 14, p. 15-16, 1909. Cf. MAGALHÃES, Basílio de. *História Antiga das Minas Gerais*, 1999, p. 31-34. (Introdução à

Já no seu discurso para a Sociedade Propagadora da Instrução Pública de Ouro Preto, em 1872, Diogo mostra-se confiante numa pedagogia da verdade (com foco nas obras do "mundo intelectual" – filosofia e literatura), que sedimenta a civilização, "ao elevar seu exercício [da liberdade inata] pelo aperfeiçoamento da inteligência, pela firmeza da razão". Daí o modo de corrigir a corrupção filosófica e moral (do racionalismo cientificista): "por que motivo anarquizou-se a consciência em seus fundamentos, e falseou-se a base do aperfeiçoamento moral? É por um lado a falta de escolas, onde ensine-se a verdade, e por outro o contágio funesto e desordenado dos erros".[17]

Essa pedagogia da verdade, por meio da correta hermenêutica do cristianismo, foi o motivo alegado, em 1904, para o seu plano de escrever um livro de história, quando a Imprensa Oficial do Estado de Minas Gerais preparou a segunda edição (ampliada e "corrigida com documentos novos") da sua *História Antiga das Minas Gerais*. Apesar das conclusões dos editores do Rio de Janeiro de que o assunto tratado era "particularíssimo" e das críticas a respeito das "condições didáticas" da obra, o historiador visou educar o jovem leitor, pois "a história é o quadro magistral que nos oferece no proceloso oceano dos tempos o roteiro, pelo qual poderá a mocidade evitar os erros, condenar os vícios, fortificar

---

2ª edição). Conta-se que Diogo, no tempo de "estudantão" na Faculdade de Direito de São Paulo, exagerando suas convicções devido à onda liberal, teria dito que era "conservador e católico... ultra". Recorda-se ainda que ele não possuía livros, embora estudasse; vivia em uma ou outra "república amiga, onde os colegas o prendiam, felizes com encanto da sua verve inesgotável". Cf. NOGUEIRA, J. L. de Almeida. *A Academia de São Paulo: tradições e reminiscências. Estudantes, estudantões, estudantadas*. Oitava série. São Paulo: Tipografia Vanorden & Cia, 1910, p. 169-170. O jovem Diogo foi educado em instituições confessionais, até o ensino secundário: Seminário de Mariana, Colégio de Congonhas do Campo (da Congregação da Missão de São Vicente de Paulo, administradora do famoso Colégio do Caraça), Mosteiro de São Bento. Cf. MAGALHÃES, 1999, p. 30; VASCONCELOS, 1893; ANDRADE, Mariza Guerra de. *A educação exilada: Colégio do Caraça*. Belo Horizonte: Autêntica, 2000, p. 27-28.

[17] Sociedade Propagadora da Instrução. Em Ouro Preto. Sessão magna de instalação a 25 de março de 1872. Discurso proferido pelo sócio fundador Diogo Luiz de Almeida Vasconcelos, bacharel formado em ciências sociais e jurídicas, e deputado à Assembleia Geral Legislativa do Império pelo I Distrito da província de Minas Gerais; ex-secretário do Governo da mesma província, e sócio benemérito e honorário de várias associações científicas e literárias. Mariana: Tipografia de J. A. R. de Moraes, 1872.

as virtudes, e converter a força de suas próprias paixões em generoso instrumento do progresso".[18]

Tudo indica, no entanto, que a concepção de uma história *geral* e cronológica sedimentou-se com o tempo, embora Diogo já pretendesse, quando publicou, em 1901, a primeira edição da *História Antiga*, a abordagem de três temas: os descobrimentos, o conflito emboaba e os "limites de Minas". Mas o autor sugere que os dois últimos assuntos resultaram da elaboração desse texto de 1901 – a "Origem Histórica das Minas Gerais" – que relacionou os primeiros descobrimentos e os seus protagonistas; os outros ainda eram "notas, que farei todo o possível de concertar para a publicidade". O recolhimento das notas e a atitude empírica, com efeito, acabam comprometendo a urdidura do texto, apesar da intenção do autor: "O meu projeto, apenas começado, vi que não era tão simples como supus. [...] o que aqui apresento não está bem nas condições como desejei". A obra (nas edições de 1901 e 1904) mostra a falta de solução satisfatória do impasse, pois nela se observam vários "aditivos" e anotações biográficas de personagens notáveis depois da narrativa principal (compondo toda a terceira parte da primeira edição).[19]

Em 1918, quando finalmente publicou o livro *História Média de Minas Gerais*, Diogo dá continuidade ao seu plano historiográfico, proposto em 1900. Já tendo apresentado o encadeamento factual que resultou na criação da capitania (1720) na *História Antiga* (segunda edição), ele aborda, nessa nova obra, os "limites de Minas". No aviso "aos leitores", o historiador explica a periodização do enquadramento das suas pesquisas (que duravam vinte anos): enquanto o primeiro livro apresentou a fundação originária do território e da capitania de Minas Gerais, este outro compreende o período subsequente, até 1785, que data a preparação da Inconfidência. Mas há forte nexo entre o seu objeto regional e a história nacional. Assim, a história colonial do Brasil seria, para o autor, balizada por dois acontecimentos fundadores que (em datas repetidas – 21 de abril)

---

[18] VASCONCELOS, Diogo de. *História Antiga das Minas Gerais*. Belo Horizonte: Imprensa Oficial do Estado de Minas Gerais, 1904. [Agradecimento, p. 417-419]. (*História Antiga das Minas Gerais*, doravante abreviada HA).

[19] VASCONCELOS, Diogo de. *História Antiga das Minas Gerais*. Ouro Preto: Beltrão & C. Livreiros Editores, 1901. [Advertência].

se equivalem como índices de uma profunda analogia: o descobrimento do Brasil por Pedro Álvares Cabral e o "sacrifício" de Tiradentes, "que assim deixou um patíbulo como centro de nossa história. O passado aí terminava; o futuro daí saía."[20]

Parece que o velho estudioso ainda queria dar prosseguimento à sua *História*, a partir dessa promessa do futuro independente com a Inconfidência. A certa altura da *História Média*, vendo-se obrigado a tratar do alferes Joaquim José da Silva Xavier ("apareceu-nos, encarregado de importantes diligências"), ele adverte, cuidadoso em evitar o que denomina de "anacronismo": "Conquanto seja de nosso plano deixar para mais tarde o episódio da Inconfidência, não será fora de razão antecipar uma ligeira notícia a respeito deste homem, que se colocou acima de todos, e requer especial atenção".[21]

Se a *História* tem um conteúdo pragmático (nos termos de Diogo), seria mais lógico que servisse ao ensino e tivesse aplicação no ambiente escolar. Diogo mostra tal entendimento, que era também dos governantes mineiros, patrocinadores da publicação dos seus dois livros, quando ofereceu mil exemplares da obra *História Média* à Secretaria do Interior do Estado de Minas Gerais, que devia enviá-los aos professores.[22] A divisão cronológica tradicional, salientada nos títulos das obras – *Antiga*, *Média* –, atende também ao planejamento didático; reproduz, em quadro regional, a proposta curricular, eurocêntrica, das escolas secundárias da província, na segunda metade do século XIX, como se observa na divisão da história europeia em *História Antiga, História Média* e *História Moderna*, relacionadas no impresso de avaliação de Afonso Moreira Pena, estudante do Colégio do Caraça.[23]

---

[20] VASCONCELOS, Diogo de. *História Média de Minas Gerais*. Belo Horizonte: Imprensa Oficial de Minas, 1918, [Aos leitores], p. 316-317. (*História Média de Minas Gerais*, doravante abreviada HM). Em outra obra, o historiador associa significativamente outras duas datas: o domingo de Páscoa e o dia da primeira missa na terra de Vera Cruz, em 1500, demarcando o início da nova era. Cf. VASCONCELOS, Diogo de. *Diário de Vera Cruz*. Belo Horizonte: Editores Paes e Companhia Livreiros, 1908, p. 19.

[21] HM, 1918, p. 308-309.

[22] HM, 1918, p. 308-309. [Oferecimento de Diogo de Vasconcelos a Américo Ferreira Lopes, Secretário do Interior].

[23] Agradecemos à Mariza Guerra de Andrade por disponibilizar a cópia do documento; o original está conservado no Arquivo Nacional do Rio de Janeiro.

Estava em jogo o pressuposto político de que os profissionais do ensino teriam um papel fundamental na construção da identidade comum, e para inculcar os valores de pertencimento à mesma região (geográfica, social, cultural), cuja historicidade era determinante.

Da pátria aos limites geopolíticos de Minas

Diogo lembra que tomou a decisão de escrever uma história dos lugares das Minas no dia de São João, em 1898 – "2º centenário de Ouro Preto", quando "fazia dois séculos que a bandeira de Antônio Dias ali chegou" –, depois de assistir à missa na capela do morro de São João, de onde a visão descortina a velha cidade. Ele revela que, naquele dia, a decisão ou o esboço mental do projeto não foram fáceis, evocando uma reflexão correspondente ao exame de consciência cristã: "[...] por aí [na capela] me conservei algumas horas em meditação depois que o povo se retirou".[24]

A situação, o dia, o lugar, a disposição, que moveram a vontade do autor, podem parecer elementos prosaicos da advertência ao leitor da *História Antiga*, mas são significativos como índices da sua narrativa sobre os descobrimentos bandeiristas e as origens do território mineiro.

O historiador não se detém, ao decantar a memória coletiva tradicional, no movimento sertanista das bandeiras paulistas, e nem no seu empenho explorador, mas no que lhe parecia mais essencial, como propósito interpretativo: sua expressão civilizacional, fundada no catolicismo, que promove um ordenamento eminentemente urbano.

Em março de 1898, em visita à capela de Santa'Ana, em Sabará (no Arraial Velho), lugar onde estaria localizada a sepultura de Manuel de Borba Gato, Diogo confessa, exprimindo um sentimentalismo melancólico bem ao sabor da decadência observada e da passagem irreversível do tempo:

> Emoção igual só teríamos quando visitássemos uma necrópole de cidade extinta. Pelas inscrições do sino grande, fundido no

---

[24] HA, 1901 [Advertência]. Há uma afetação intelectual de Diogo nessa quase iluminação religiosa, pois ele parece evocar a mesma situação e o mesmo ânimo de Edward Gibbon – autor da obra *Decadência e queda do Império Romano*: "Foi em Roma, em 15 de outubro de 1764, meditando entre as ruínas do Capitólio, enquanto os frades descalços cantavam as vésperas no templo de Júpiter, quando me veio pela primeira vez à imaginação a ideia de escrever a decadência e queda da cidade" (*apud* FONTANA, Josep. *História: análise do passado e projeto social*. Tradução de Luiz Roncari. Bauru: Edusc, 1998, p. 87).

Sabará em 1751, e pela do Portal gravada em 1747, a Capela não é a mesma da primitiva época; mas as cinzas, que contém, valem toda a antiguidade. [...] Fazia então a mais bela tarde de março (28 de 1898). Ruas e calçadas inteiras desapareciam ali no matagal enredado; paredões derrocados sem número jaziam no degredo absoluto das grotas. O silêncio nos abafava, interrompido apenas pelo soído dos insetos e o tropel dos cavalos. Apeamo-nos no adro, único ponto em que restavam algumas casas fechadas, como túmulos, albergues em que, todavia, se ocultam os últimos descendentes dos que viram Artur de Sá [governador do Rio de Janeiro, aliado dos paulistas], no auge da glória, estrear naquele berço o império das Minas! [...] Absorvidos em profunda melancolia, ajoelhamo-nos, e fitamos a imagem de Santa'Ana. Estava a Santa na idade em que conhecemos a nossa avó, a mesma carinhosa expressão, imagem dulcíssima da nossa pungitiva saudade. Um clarão mavioso embebia-se do sol ardente no dourado velho do altar, e dava-lhe um tom de divindade, que não se sente nos mármores soberbos e nas grandezas materialistas do culto na Candelária [no Rio de Janeiro]. [...] Ao sairmos, tocamos as trindades no sino grande. O bronze, que, havia muito, não se ouvia, ecoou por todo o vale do antigo Sabarabuçu; e as aves noturnas, como que se recordando de alguma aflição, atroando saltaram das paredes esburacadas. Evocamos então a época dos bandeirantes, a primeira tarde do descobrimento. A noite descia impregnada dos aromas acres de aroeiras e alecrins selvagens, e a memória do Borba, ligando as duas eras das esmeraldas e do ouro como aquele rio que tínhamos ao lado, gemendo e passando, mas sem extinguir jamais, refletia os fantasmas da história![25]

A longa passagem da *História Antiga* indica, apesar da ênfase na decadência, o forte laço com a civilização dos antepassados, com suas crenças e costumes, e sua experiência urbana, disposta na referência à capela e ao seu adro, às ruas, calçadas e casas, que se tornam os monumentos da *Antiguidade* de Minas Gerais, sendo até mais significativos do que outros, por sua vinculação à identidade dos mineiros, moradores nativos desses lugares plenos de passado histórico.

A civilização do sertão, composta de cristianismo e urbanidade, foi, assim, consequência direta dos descobrimentos auríferos, efeito da

---

[25] HA, 1901, p. 231-233.

saga heroica dos paulistas. Como apontado acima, Diogo enfatiza não propriamente o sertanismo ou o bandeirismo (apresador de índios ou desbravador) dos senhores do Planalto de São Paulo, mas os seus trabalhos para os descobrimentos. Daí a distinção entre as "duas eras", embora uma (portuguesa, paulista, esmeraldina) se ligasse à outra, e devesse conservar uma necessária continuidade histórica. Contudo, a "causa suficiente" – a conexão mais profunda e direta entre os fatos – da primeira denúncia de descoberto aurífero foi a "conquista" dos índios, executada a partir de um reduto tradicional de senhores, Taubaté, e não a partir do Planalto de São Paulo, onde já havia uma experiência descobridora malograda, a de Fernão Dias Pais e dos seus familiares e aliados. "Qualquer, pois, que seja a versão preferível [quanto à primeira notícia], o certo é que o movimento do fenômeno foi continuado de uma fase para outra [da busca de índios para o descobrimento de ouro]: e, tomando uma nova direção, teve necessariamente um ponto que o desviou para outro fim".[26] Dois "taubateanos", então, seriam protagonistas dessa passagem no tempo, e suas figuras servem ao autor para conectar as duas fases (diga-se da heroica a da ordem civil e política, conforme a providência): Salvador Fernandes Furtado de Mendonça [sic], descobridor do ribeirão do Carmo em 1696 (no lugar que dará origem à Vila do Carmo, elevada à cidade, décadas depois, com o nome de Mariana) e Antônio Dias de Oliveira, descobridor dos depósitos de Ouro Preto em 1698.

Essa é a face, portanto, dos protagonistas *paulistas* (articulados ainda ao suporte governamental promovido por administradores de minas provenientes do Planalto) que Diogo quer conservar: a de descobridores, que antecede e dispõe a ordem social e política prevista pelos *mineiros*. Como se apresenta em Ouro Preto:

> O descobrimento de Ouro Preto, vimos, foi o ponto culminante da história antiga. Com ele a época das aventuras e fábulas extinguiu-se; os bandeirantes perderam a razão de ser; removeu-se

[26] O autor é taxativo: "Manda a boa crítica, que logo que se averigue um fato da mesma natureza e ordem dos fenômenos em tempo de lhes servir de causa suficiente, seja como tal reconhecido; porque não há duas causas suficientes para o mesmo fenômeno. A invasão dos taubateanos nenhuma ligação teve com a das esmeraldas, operou-se em tempo, lugares, e com pessoal distinto, relacionado unicamente com os conquistadores do gentio, residentes em Taubaté" (HA, 1901, p. 176).

o sertão, raiou a ordem civil. Antônio Dias foi em verdade o derradeiro conquistador. Não menos valentes e apreciados caudilhos ao depois apareceram; mas já não penetravam o mistério, prolongavam o conhecido.²⁷

Os bandeirantes que criam os seus arraiais, postos militares de conquista e munição, naqueles sertões das minas do ouro, já estão no limiar de uma nova era, agora determinados pela vivência cristã, inspirada pela fundação das capelas, com suas devoções particulares e trabalho pastoral. Baseados nas aldeias (ou em aldeamentos) dos nativos, alguns arraiais "convertiam-se em povoados. Um *arraial* considerava-se orgulhoso desse título; porque as aldeias pertenciam a índios, governados por leis excepcionais e humilhantes. O arraial gozava dos direitos comuns e entrava no regime civil geral do Reino."²⁸

Nessa perspectiva, os bandeirantes descobridores aparecem como os agentes da providência de Deus, contemplando um "mundo, estendido a seus pés e que somente esperava a sua voz para emergir da barbaria".²⁹ Na "aurora" de Minas, os descobridores paulistas são os seus criadores.

Trata-se de novos acontecimentos da territorialidade, desde o florescimento dos arraiais cristãos dos descobridores, estancado o movimento sertanista. A busca ambiciosa do ouro (e as fomes que advieram) revela a verdade moral, um sentido que aflora na história como plano providencial da geração da pátria:

> A unidade do caminho até a Itaverava [arraial primordial de bandeirantes], a diversidade por avante, cada um no seu rumo; a indiferença para com o solo rico de países conhecidos em demanda de países nem sequer indicados, totalmente escondidos [...] são coisas que só um plano preconcebido moveria; e que

---

²⁷ HA, 1901, p. 155.

²⁸ HA, 1901, p. 19, nota 8.

²⁹ Como se confere nessa evocação (historicista) do vivido ou vislumbrado: "Fitando [o coronel Salvador Furtado] desse alto o mundo, estendido a seus pés e que somente esperava a sua voz para emergir da barbaria, o Coronel arrancou-se do êxtase e deu o sinal de marcha. Os companheiros, erguendo então os machados, fizeram retumbar o côncavo das florestas aos golpes da posse; e desceram para as fraldas da serra, de onde começaram a ouvir o estrépito soturno das águas. Perlongando em seguida animadamente sobre os espigões até São Gonçalo, nessa mesma tarde acamparam nas margens do ribeirão do Carmo. Foi domingo, 16 de julho de 1696, festa da VIRGEM" (HA, 1901, p. 141).

só podemos explicar por um suposto polo magnético da vontade e das ambições. O Itacolomi, rebuscado no pego nebuloso do sertão, entrevisto no Dédalo das cordilheiras longínquas, foi, em verdade, o centro de gravitação, o farol da conquista e da posse em todo o território.[30]

A primeira missa, celebrada pelo Padre Faria (outro descobridor proveniente de Taubaté) no mesmo morro em que, dois séculos depois, Diogo teve a sua própria experiência meditativa, já revela a síntese histórica da unidade territorial (entre Leste e Oeste);

> [...] o mais para nisto se admirar foi que a capela, situada no dorso exato da montanha [morro de São João], expele do telhado à direita as águas para o rio das Velhas, e do oposto para o rio Doce. No meio do altar, portanto, levantando a hóstia, os braços do Padre uniram naquele momento, e para sempre redimidos, os dois rios históricos de nossa pátria.[31]

Os descobertos no Rio das Mortes (São João del-Rei), na Ponta do Morro (São José del-Rei) e em Congonhas, embora estivessem situados nos sertões dos *Cataguá* e nos campos, há muito trilhados pelos apresadores de índios, resultam desses descobrimentos primordiais – apreensão visual e voz de apossamento para Diogo – do vale do Ouro Preto e do ribeirão do Carmo. Em 1706, João de Siqueira Afonso (descobridor do Leste, Sumidouro e minas do Guarapiranga) encerra tal "ciclo dos primeiros descobrimentos", quando descobre o ouro de Aiuruoca, nas encostas da Mantiqueira. Apresenta-se, portanto, mais uma conexão misteriosa relativa ao destino manifesto do lugar, da pátria, do território, pois "foi mister que primeiro se descortinasse o âmbito imenso das Minas Gerais, que a luz e a palavra dos bandeirantes circulassem de Pitangui ao Casca, da Itaverava ao Serro, para que se finalizasse, quase a dentro do ponto de partida [Taubaté], a epopeia dos bandeirantes".[32]

O lugar da origem individual e coletiva – a pátria – tem, nesse sentido, uma significação fundamental na narrativa da *História* de Diogo. A partir do lugar originário é que se conectam as forças políticas, sociais

---

[30] HA, 1901, p. 138.
[31] HA, 1901, p. 156.
[32] HA, 1901, p. 164-165.

e culturais da composição da região de Minas Gerais, e são apreendidas as suas fronteiras territoriais. É esse lugar, enfim, que justifica e torna relevante o objeto historiográfico compósito denominado Minas Gerais. Torna-se a súmula da identidade do mineiro, o espaço-síntese, microcosmo que determina todo o âmbito regional e a sua evolução.[33] A unidade e as noções de pertencimento nacionais, politicamente orientadas pela elite, têm (ou devem ter) como eixo legítimo, conforme a história, o sentido primordial da pátria. Esta é a conclusão de Diogo quando confere a hostilidade paulista em relação aos forasteiros nas Minas do ouro, mas quer compreender as razões do poder: não se concebia "ainda esta ideia abstrata e consolidaria de pátria, que hoje nos congrega acima dos horizontes visuais, e dos sentimentos naturalistas".[34]

As interpretações historiográficas de Minas Gerais, após a *História* de Diogo, continuaram a basear-se na conexão orgânica entre a pátria e a região, sendo o "espírito das minas" uma constante da sua denominada "cultura em conserva". No livro *As Minas Gerais* (editado em 1938), de autoria do engenheiro Miran Latif, há uma imagem, chamada "Núcleo minerador",[35] que decifra a lógica social dos mineiros, distinguindo-se, por exemplo, do famoso desenho de Cícero Dias sobre o microcosmo açucareiro, inserido no livro *Casa-grande e senzala* (publicado em 1933), de Gilberto Freyre.[36] Ainda que preocupado com a descrição das técnicas, Latif representa a casa-grande do mineiro, com seu alpendre ligado à capela (que se supõe da tradição paulista), os modos de extração do

---

[33] A abordagem de Wirth, apesar de excessivamente generalizante, traça as concepções espaciais da elite mineira do período: "De Tiradentes em diante, o impulso do pensamento regional levava a criar uma unidade mais viável, baseada numa identidade mais forte entre as partes, mas sem destruí-las. O regionalismo era então compatível com as identidades sub-regionais e a literatura brasileira ficou mais rica por causa disso. Em outras palavras, o regionalismo não era antiético ao fortalecer uma identidade nacional ou manter uma identidade zonal. A ênfase mineira na família e na pequena comunidade [em cidades com dimensão rural] não impediam a lealdade ao estado e à nação, ou a identificação com a cultura do Atlântico Norte". Cf. WIRTH, John D. *O fiel da balança: Minas Gerais na federação brasileira, 1889-1937*. Tradução de Maria Carmelita Pádua Dias. Rio de Janeiro: Paz e Terra, 1982, p. 148.

[34] HM, 1918, p. 201.

[35] Cf. LATIF, Miran de Barros. *As Minas Gerais*. 3. ed. Belo Horizonte: Itatiaia, 1991.

[36] Cf. FREYRE, Gilberto. *Casa-grande e senzala: formação da família brasileira sob o regime da economia patriarcal*. 47. ed. São Paulo: Global, 2003.

ouro na encosta da montanha e no leito do ribeiro, o caminho sinuoso trilhado pela tropa carregada, e finalmente, ao fundo, as duas torres da matriz e o casario da *urbs*, o desdobramento do arraial.

A unificação territorial e a ordem civil, no entanto, não são o corolário natural da lógica social e simbólica dos lugares dos descobrimentos. Depende, na *História Antiga*, de ações políticas e jurídicas dos sujeitos institucionais ou individuais do poder. Por isso, são as autoridades ou os privilegiados do Planalto, e a Câmara de São Paulo, e não os exploradores oriundos de Taubaté, que propriamente instauram a ordem político-administrativa básica do governo das minas, entre 1699 e 1707, ano que dá início ao conflito aberto entre paulistas e emboabas (os forasteiros).[37]

O enredo proposto por Diogo busca desvendar a crescente autonomia política e administrativa das Minas, desde o rompimento com os paulistas e o governo emboaba. A política de conciliação desses "partidos", executada pelo governador da nova capitania de São Paulo e Minas do ouro, Antônio de Albuquerque Coelho de Carvalho, a partir de 1709, compreende a fundação das vilas do território em 1711, focos da experiência político-administrativa comum ("base das instituições liberais"), que consolida a noção de pertencimento dos moradores e estabelece as primeiras linhas fronteiriças.[38]

Na *História*, até 1720, quando houve a instituição de um governo próprio da capitania, as fronteiras das Minas Gerais, expressavam as conquistas territoriais (re)significadas pelos descobrimentos, isto é, num sentido mais profundo, definiam-se no fluxo civilizador (social e cultural) que produz, ao final, a identidade do colono mineiro – nem completamente portuguesa (ou reinol), nem completamente paulista (ou de descobridor) –, conforme a fusão destes elementos do passado, que são continuamente reproduzidos.[39] A história dos usos dos nomes dos ser-

---

[37] HA, 1901, p. 183-184; HA, 1904, p. 386. Para Diogo, os "bandeirantes", tradicionalmente ligados a vila de São Paulo, entravam nos sertões com posições de autoridade conferidas pelo "governo", enquanto os descobridores eram agentes privados que custeavam as próprias iniciativas. Cf. HA, 1901, p. 122.

[38] HA, 1904, p. 272.

[39] Diogo atribui os males políticos e sociais à mestiçagem pronunciada dos moradores de baixa condição das fronteiras – bastardos, carijós, mamelucos –, ou nas Minas do ouro, conferindo aos senhores, os "potentados", um papel destacado na continuidade da ordem civil e política. O hibridismo, para o historiador, assume a alegoria da "quimera", que é

tões ou do "país" que estiveram na origem do território de Minas Gerais serve ao historiador para explicar as ondas de fronteira: o movimento conquistador (e escravista) anuncia-se no nome geral sertão dos *cataguá* ("boa gente"), perdurando, na fase dos descobrimentos fundadores, como minas dos *cataguá* ou *cataguazes* até 1710. A partir daí, os agenciamentos locais e a representação dos moradores influem para conservar a designação Minas Gerais, que, apreendendo o distrito principal das Minas do ouro, passa a enquadrar um território amplo, a conclusão da autonomia política da capitania, instaurada logo após os conflitos sediciosos de Vila Rica, um "monstro da anarquia, felizmente subjugada à força dos elementos conservadores, que reagiram, e triunfaram pelo apoio realmente legítimo dos paulistas".[40]

Depois das duas primeiras décadas do século XVIII, na *História Média*, quando se trata de estender o domínio do governo estatal instaurado, o alinhamento – a *linha* e não a *fronteira* – deve imprimir o contorno territorial. A linha da divisão governamental (político-administrativa), na verdade, sobrepõe-se às noções da fronteira.[41]

Por conseguinte, todo o processo civilizador do território – conquista-descobrimentos-ordem governamental do Estado português – foi conflituoso, compondo-se de guerras, motins, e reações violentas, dores do nascimento de uma sociedade original. Na verdade, na *História* (principalmente da *História Média*) de Diogo, os embates e as diferenças

---

"monstro, uma parte bode, outra parte leão, e o resto dragão; mito perfeito também para as Minas, dominadas pela luxúria, pela força despótica, e pelo fanatismo"(HA, 1904, p. 363-364). De maneira distinta, Turner, nos Estados Unidos, pensa a fronteira como situação ou processo de ruptura com as instituições e os modos de vida dos europeus colonizadores (ingleses, sobretudo). A novidade social e cultural da adaptação promovida pelos pioneiros, emigrados que necessitavam de meios de vida nos lugares de origem, marca a conhecida tese turneriana. Cf. TURNER, Frederick J. *The Significance of the Frontier in American History*; *The Problem of the West*. In: TURNER, Frederick J. *The Frontier in American History*. New York: Henry Holt and Company, 1921.

[40] HA, 1901, p. 116-119; HA, 1904, p. 364; HM, 1918, *passim*.

[41] Conforme a proposta de distinção entre as conceituações de limite ou linha e de fronteira. "A linha é o *esconderijo* da faixa, da zona, do espaço de transição", da fronteira. Trata-se da "transição entre propriedades, a interface, com toda a sua natureza plástica de *mistura*, nesse caso estaria se insinuando como opção de poder para muito além das linhas ou dos contornos que representa". Cf. HISSA, Cássio E. Viana. *A mobilidade das fronteiras*: inserções da geografia na crise da modernidade. Belo Horizonte: Ed. UFMG, 2002, p. 41.

fornecem a matéria de todo o processo, e os lados contendores assumem papéis destacados, pois participam das causas diretas ou suficientes: "Não sabemos porque os episódios passados com os nossos indígenas houveram de cair quase em olvido, quando a verdade é que, sem eles, nada seria a nossa história, visto terem sido ou na paz ou na guerra os principais colaboradores da nascente civilização".⁴² Por conta ainda dessa legitimidade moral da dimensão conflituosa e das relações de força, Diogo resolve certos paradoxos aparentes, concluindo que a violência é ingrediente da instrução, e que a escravidão é um estágio do progresso.⁴³

Na *História Antiga*, em conexão direta com os descobrimentos e a territorialidade das Minas, Diogo confere a conquista bandeirante dos sertões dos índios *cataguá* (contíguos às vilas paulistas) e dos rios das Velhas, São Francisco e Doce. Este devassamento prévio ("madrugada que precedeu o grande dia verdadeiro e histórico das Minas Gerais") revelou o espaço da colonização da serra da Mantiqueira (divisão natural com o território das vilas paulistas, junto aos rios Paraíba e Tietê) até o vale do rio Grande e o rio Paracatu, no sentido Oeste, e a junção entre o Sul e o Norte, especialmente com a fundação dos arraiais pelos bandeirantes aliados ao potentado Fernão Dias.⁴⁴

Dando continuidade à *História*, Diogo retoma, na *História Média*, o confronto militar entre os potentados, os índios e os "bandidos" (oriundos das zonas litorâneas, isto é, das capitanias do norte), um embate intensificado desde a expansão dos descobrimentos das Minas e a colonização dos sertões dos cataguazes. Os potentados conquistadores reproduzem as mesmas táticas territoriais e as estratégias da ordem civil e

---

⁴²HISSA, Cássio E. Viana. *A mobilidade das fronteiras: inserções da geografia na crise da modernidade*. Belo Horizonte: Ed. UFMG, 2002, p. 14.

⁴³Cf. HISSA, 2002, p. 30-31.

⁴⁴HA, 1901, p. 32-33, 40-52, 79-85. Entre os bandeirantes, Diogo distingue os potentados, conquistadores que configuram as fronteiras das Minas Gerais (como Lourenço Castanho, Fernão Dias, Matias Cardoso, Januário Cardoso), cuja motivação seria moralmente edificante: "Já temos dito assaz para não se confundirem os conquistadores com os simples aventureiros caçadores de índios. A aqueles cabia de propriamente o título de bandeirantes. Cada potentado desta classe contraía obrigações em troca de direitos. Defendiam a civilização contra os bárbaros; e acudiam aos Governadores com o seu corpo de armas disciplinado. Senhores de vastos latifúndios, suas fazendas eram imensas oficinas de trabalho" (HA, 1901, p. 74).

política: a criação de arraiais, com as suas capelas missionárias, o governo despótico que, no entanto, faz a pacificação dos sertões pretendida pelo Poder régio.⁴⁵

Contudo, embora os potentados tenham conseguido suplantar a "anarquia" das fronteiras, eles nem sempre garantem de modo automático a soberania régia, quando esteve em jogo a administração dos recursos – escravos indígenas, ouro, diamantes –, observado na mudança dos sertões do rio São Francisco em "distrito dos couros", nos limites entre as Minas e as capitanias da Bahia e de Pernambuco. Vigente na época das bandeiras, a justa mediação política dos senhores mais poderosos, ou chefes militares dos sertões, na execução do governo régio e dos seus funcionários, transformou-se com a territorialidade das Minas do ouro. Nesse novo contexto, em que os direitos fiscais da Coroa passaram a abusos tributários, o poder dos conquistadores virou uma forma privada (ou própria) de poder. No entanto, mesmo nas lutas mais graves dos poderes que colocava os potentados e os governantes régios em campos opostos, levando aos "atentados" populares e à reação violenta dos revoltosos desordeiros ou da "turba-multa", alertava os donos do poder (e gestores da ordem) para um bem maior – da nação portuguesa e do direito identificados com o monarca –, de acordo, com a compreensão, Diogo conclui, de que "Servir ao Rei era ser útil ao Estado, e servir ao Estado era ser útil à pátria".⁴⁶

As minas do ouro e os tratos mercantis maculam a relação quase idílica, regulada pela equidade, entre os bandeirantes e os índios, os senhores e os escravos e os conquistadores e potentados coloniais e a Coroa portuguesa. Diogo retoma certa perspectiva da memorialística de Minas Gerais – Diogo Pereira Ribeiro de Vasconcelos, José João Teixeira Coelho, Manuel José Pires da Silva Pontes⁴⁷ – para conceber os males político-administrativos e morais advindos da mineração.

---

⁴⁵ Cf. HM, 1918, p. 13-29.

⁴⁶ Cf. HM, 1918, p. 24-35, 99-125.

⁴⁷ Diogo, bisneto de Ribeiro de Vasconcelos, dá muita importância à *memória* escrita pelo antepassado – *Breve descrição geográfica, física e política da capitania de Minas Gerais* –, como se pode observar também na sua carta inserida no livro *História Antiga* (edição de 1904), onde assinala a data (22 de dezembro de 1904) de modo significativo: "Primeiro centenário da História de Minas, escrita pelo Dr. Diogo Pereira de Vasconcelos" (HA, 1904,

No entanto, defensor da governabilidade e cioso da administração pública, o historiador lembra: "Consoante, porém, a lei histórica de se compensar o mal com o bem que dele se pode tirar, já o dissemos, foram os quintos o motivo de se apressar nos territórios a formação da autoridade legal", garantindo os direitos e a ordem política, assim como haviam sido os descobrimentos do ouro e as práticas codificadas da mineração os motivos da expansão das fronteiras. "Se fosse com efeito livre a produção do ouro, e isenta do imposto, o Governo régio não teria rendas para os gastos da administração, e as coisas continuariam à mercê da anarquia."[48]

Portanto, é o regime da administração tributária, centrado na extração do ouro, que explica as divisas políticas e a jurisdição do território de Minas Gerais. Constitui-se uma legitimidade geopolítica, enfim, resultante da exploração dos descobridores e mineiros que se cruza com o Poder régio e seu afã fiscal. Na verdade, tratando-se de outro caso de repercussão providencial, desde a instalação das autoridades régias nas Minas Gerais, após o conflito dos emboabas, a expansão da mineração legal ou ilegal e das fronteiras passa a ser consequência direta da tributação dos quintos. Ou seja, a política interessada no aumento da arrecadação fiscal assume uma dimensão positiva, na medida em que estimula o movimento descobridor em todos os quadrantes das Minas Gerais.

Esse alinhamento das fronteiras é conferido na *História Média*, observando a legitimidade histórica e jurídica dos limites do estado de Minas Gerais, o que respondia ao debate, sobre as divisões territoriais, travado com os governos do Rio de Janeiro, São Paulo, Espírito Santo e Goiás, no final do século XIX e primeiras décadas do século XX. Participavam diretamente dessas discussões de claros objetivos políticos, que repercutiam nos jornais, nomes respeitáveis da intelectualidade de

---

p. 419). Outra referência fundamental de Diogo é o texto de Teixeira Coelho, *Instrução para o governo da Capitania de Minas Gerais* (1780), cuja cronologia dos mandatos dos governantes foi apreendida na sua *História*. O capitão-mor Silva Pontes, que merece uma nota biográfica na *História Antiga*, fez a compilação do relato do descobridor Bento Fernandes Furtado (Cf. HA, 1901, p. 220-223). O historiador de Minas Gerais parece evocar ainda outra memória mais recente, a de Joaquim Felício dos Santos, *Memórias do distrito diamantino da comarca do Serro Frio (província de Minas Gerais)*, editada em 1868.

[48] HM, 1918, p. 152.

Minas Gerais, como os dirigentes do Arquivo Público Mineiro, Xavier da Veiga, atuante nas negociações com o governo do Rio Janeiro em 1899, e Augusto de Lima, que defende as pretensões territoriais do estado nos litígios com Goiás e São Paulo.[49]

O segundo livro de Diogo busca seguir as linhas do Poder estatal. Pelos lados de Pernambuco e, sobretudo, da Bahia, os sertões do rio São Francisco, com sua ordem civil originária e a administração fazendária dos quintos, as minas de Itacambira, herdeiras do movimento descobridor paulista, as minas do Fanado (ou o "Termo de Minas Novas"), conformadas às normas regimentais do guarda-mor, assim como às justiças e à administração diamantina da comarca mineira do Serro Frio, estão implicadas na jurisdição do governo das Minas Gerais, cujas pretensões são legalmente justificadas.[50]

A conquista paulista do oeste da capitania (na comarca do Rio das Velhas), reação à política de "conciliação" com os reinóis, às medidas fiscais e à ordem estatal das Minas Gerais, chega a revelar outro núcleo minerador, o de Goiás. Deste lado, a ampliação dos descobrimentos – Pitangui, Tamanduá, Paracatu –, a rota comercial ("Picada de Goiás"), as concessões de sesmarias, os postos fiscais (cobrança dos direitos de entrada) e de vigilância, as expedições militares de repressão a índios e quilombolas, a fundação das paróquias e dos termos consolidam as articulações com o governo e as ouvidorias mineiras, determinando a divisão com a capitania limítrofe de Goiás.[51]

Ao Sul, a *questão de limites* entre os territórios de Minas Gerais e de São Paulo parece mais complexa, exigindo uma negociação mais difícil e

---

[49] Há um número considerável de obras que tratam dessas questões de limites entre estes estados, além dos textos (incluindo os documentos comprobatórios) que se publicaram nos jornais ou nas revistas ligadas às políticas governamentais (como a publicação oficial do Arquivo do Estado de São Paulo, *Documentos interessantes para a História e Costumes de São Paulo* e a *Revista do Arquivo Público Mineiro*). Por exemplo, cf. QUESTÃO de Limites entre os Estados de Minas Gerais e Rio de Janeiro. Relatório apresentado ao governo de Minas Gerais por J. P. Xavier da Veiga e pareceres de diversos jurisconsultos. Cidade de Minas: Imprensa Oficial do Estado de Minas, 1899; LIMA, Augusto de. *Limites entre Minas e São Paulo*. Belo Horizonte: Imprensa Oficial do Estado de Minas Gerais, 1920; PESSOA, Epitácio. *Laudos arbitrais*. Rio de Janeiro: Instituto Nacional do Livro, 1961; HISTÓRICO da questão de limites entre Minas Gerais e Espírito Santo. Vitória: Artes Gráficas, 1915.

[50] Cf. HM, 1918, p. 40-49, 98-125.

[51] Cf. HM, 1918, p. 149-188, *passim*.

demorada. Diogo deixa entrever uma distinção complicada entre as regiões se ambas estiverem amparadas, primordialmente, na configuração tradicional dos descobrimentos de ouro (encabeçados pelos exploradores paulistas), que assentam povoações, capelas paroquiais e caminhos. Prontamente, o historiador faz uma diferenciação que soa casuística, já apresentada na *História Antiga*, que parece sugerir a distinção entre os *paulistas de lá* e os paulistas de Minas, representados pelos virtuosos antepassados descobridores. Assim, ele retruca bruscamente às alegações paulistas de "direitos de posse até ao rio Grande, fundando tal antecedência na tradição" dos devassamentos do sul mineiro: "Este argumento, aliás adotado pelos seus governadores, é bem se vê uma inutilidade, pois não há quem possa dar a vagabundos, quais eram caçadores de índios nos sertões sem nome, a virtude de criarem posses". De qualquer maneira, o historiador, como os representantes do estado de Minas Gerais, na época, considera a serra da Mantiqueira a divisa natural e histórica entre o território das vilas paulistas (ou da comarca de São Paulo) e o "distrito do ouro". Na serra, considerando-se ainda novos conflitos de jurisdição nos Grande e Sapucaí, devido aos descobrimentos de ouro, segue uma "linha" pelos cumes até a serra ou o rio Mogi-guaçu, que orienta o limite na direção do rio Grande e do caminho de Goiás, conforme demarcação empreendida em 1749, no governo de Gomes Freire de Andrada, que comandava as capitanias do Sul. Morto, contudo, o governador em 1763, levando à separação dos governos, "o mesmo foi que renovarem-se as queixas dos paulistas".[52]

Os atos governamentais de 1749 não arrefeceram os litígios; ao contrário, os paulistas lembram-se deles com ressentimento pelo seu promotor, retratando Gomes Freire como adversário, interessado em prejudicar o território ou a jurisdição legítima de São Paulo.[53] Independente, no entanto, da consistência das alegações, as interpretações divergentes sobre as orientações geográficas do limite e o debate histórico e jurídico a respeito da primazia das posses produzem contestações dos dois governos estaduais, que ainda arrastam a questão nas primeiras décadas do século XX.

---

[52] HM, 1918, p. 296-300.

[53] *DIVISAS de São Paulo e Minas – 1709-1811*. São Paulo: Tipografia a Vapor; Espíndola, Siqueira e Companhia; Arquivo do Estado de São Paulo, 1894, p. 88-89.

No Sul e no Oeste, Diogo supõe as expressões do *uti possidetis*[54] comuns aos outros limites de Minas Gerais, mas observa a ação direta dos governadores (Luiz Diogo Lobo da Silva, Conde de Valadares, Rodrigo José de Meneses), que percorrem os lugares sob contestação (caso de Luiz Diogo e de Rodrigo de Meneses), ou enviam seus próprios agentes para as fronteiras. Assim, eles expõem a territorialidade e consolidam as posições mineiras.[55] Trata-se de renovadas preocupações com os limites, desde o início do período pombalino, quando os governadores ficam insuflados pela lei régia de 3 de dezembro de 1750, que determina a instalação das casas de fundição e o pagamento anual de 100 arrobas de ouro, como obrigação dos quintos, sob pena dos moradores sofrerem a *derrama*, isto é, a cobrança dos débitos atrasados. Na realidade, Diogo considera (salientado ao final do livro) que se reproduz a mesma estratégia no governo de Minas durante o século XVIII: "[...] em matéria de se estreitar a área mineradora sujeita às quotas do quinto, os nossos governadores sempre se mostraram irredutíveis, visto ser o mesmo que desfalcar o número sobre o qual pesava o tributo e assim agravar-se a sorte dos que ficavam, vindo estes a pagar a dívida dos que saiam para outro governo".[56]

O Leste, que se avizinha das capitanias litorâneas, com suas densas matas, é ocupado por índios. Entretanto, nos sertões do rio Doce, entre Minas Gerais e Espírito Santo, o povoamento nos moldes convencionais das outras fronteiras exige maior esforço dos exploradores (ou dos descobridores, com os capelães missionários) e, especialmente, dos governadores (Conde de Valadares, Antônio de Noronha, Rodrigo de Meneses), devido às doenças próprias do ambiente e às reações violentas dos índios botocudos, "antropófagos", somente contidos por meio dos presídios, postos militares de vanguarda das fronteiras.[57] Na direção da capitania do Rio de Janeiro, os sertões do rio Pomba, os sertões da Mantiqueira ("vertentes do rio Paraibuna), os "sertões do leste" (da "Mata" e do rio

---

[54] Trata-se, retomando a argumentação de Epitácio Pessoa na arbitragem do litígio sobre limites entre São Paulo e Minas Gerais, do que define a "linha de posse". Cf. PESSOA, 1961, p. 92.

[55] Cf. HM, 1918, p. 176-182, 199-200, 233-234.

[56] HM, 1918, p. 297-298.

[57] Cf. HM, 1918, p. 197, 219-221.

Pomba), revelam-se mais preparados para a conquista, o povoamento e a civilização: os índios, devido ao "alargamento dos povoados cristãos, já não se mostravam espantados", e acostumando-se às "comunicações amistosas", e ao comércio com os "pioneiros animosos". Estes "aventureiros desta nova fase indicaram com seu exemplo o melhor caminho, que o governo tomou, para a catequese por meios brandos e pacientes [opostos às bandeiras de escravização], aliciando com dádivas e auxílios os ariscos selvícolas". Esta forma de expansão da fronteira conduz ao rápido povoamento e promove os "elementos do progresso", como as produções agrícola e mineral e as rotas do comércio, determinando os contornos territoriais.[58]

Aqui, quando a sua *História* dos limites de Minas Gerais chega ao fim, Diogo faz surgir a figura do alferes Tiradentes, que completa o sentido fundamental do quadro.

---

[58] Cf. HM, 1918, p. 189-194, 233-234, 258-259.

Diogo de Vasconcelos e a "oficina central do pensamento"[1]

Helena Miranda Mollo
Rodrigo Machado da Silva

> Consagrado à história de Minas este Instituto, palpitante aspiração do tempo, vem completar entre nós o aparelho de que já se ufana a atividade intelectual do presente. O povo mineiro, que por sua história peculiar caracterizasse desde seu advento, há dois séculos, diferenciando-se do seu destino, e formando já a maior casa de toda a América, sentia a falta de se lhe erigir a oficina central do pensamento, na qual se cuidam com esmero de fortificar a sua homogeneidade, e de unificar os seus elementos étnicos tradicionais.[2]

Na edição do dia 24 de agosto de 1907, o jornal belo-horizontino, *Minas Geraes*, publicava, com certo entusiasmo, a notícia sobre a fundação de uma agremiação dedicada ao estudo das coisas relacionadas à geografia e à história do estado de Minas Gerais. À frente da instituição estavam os mais importantes nomes da política mineira da época, que haviam se unido para efetivar um projeto que fazia muito havia sido colocado como um importante passo para a modernização intelectual do estado. Em 15 de agosto do corrente ano, portanto, foi instaurado

---

[1] Agradecemos à Tatiana Mol Gonçalves que, generosamente, cedeu-nos sua transcrição das Atas das Reuniões do IHGMG. Primeira Fase, 1907-1927.

[2] SILVA, Rodrigo Machado da. Diogo de Vasconcelos e o IHGMG: os parâmetros para a História de Minas Gerais. *Revista de História da Historiografia*, n. 5, p. 255, 2010. (Seção Textos e Documentos Historiográficos). O discurso do orador perpétuo, Diogo de Vasconcelos, foi publicado em: *Revista do Arquivo* Público Mineiro, Belo Horizonte, ano IX, p. 211-220, 1910.

em sessão solene na Câmara dos Deputados[3] o Instituto Histórico e Geográfico de Minas Gerais (IHGMG). O historiador Diogo Luiz de Almeida Pereira de Vasconcelos (1843-1927), orador oficial do Instituto, proferia o discurso inaugural daquele que prometia ser um dos grêmios intelectuais mais importantes de Minas. Segundo o orador daquela tarde de agosto, Augusto de Lima:

> Já era tempo de Minas fundar seu areópago histórico, quando quase todos os outros estados da União já o fizeram. Não é demais recordar que Minas foi o foco mais intenso da formação da nossa nacionalidade, sendo precursora do eventos mais notáveis da nossa evolução político-social. As lutas dos emboabas, os motins dos sertões, a erupção formidável de Felipe dos Santos, a tragédia sanguinolenta dos Conjurados, formam outros tantos marcos crescentes do caráter cívico mineiro através da história política. Minas, precursora política, foi também a precursora das reformas sociais, aquecidas pelo sol do cristianismo.[4]

Vasconcelos unia-se ao projeto de se estabelecer um cânone para a história mineira e construir os parâmetros para a sua investigação e escrita. O IHGMG seria o espaço certo de criação desse cânone, diferenciando-se, de certa forma, do Arquivo Mineiro, lugar de guarda da memória.[5]

Na constituição do estado republicano, intensificava-se uma discussão de extrema importância para a construção da nacionalidade brasileira e os rumos que a escrita da história tomaria. Uma das características importantes dessa reorganização pós-1889 seria a ampliação da autonomia das antigas províncias. Diante do certo grau

---

[3] Até o ano 1967, quando o governador de Minas Gerais, Israel Pinheiro da Silva, doou a escritura de uma área construída, em Belo Horizonte, o Instituto não possuía sede própria. As sessões ocorriam em diversos lugares, sendo os mais comuns, ao menos na primeira fase, a Câmara dos Deputados, o antigo Senado Estadual, a Secretaria do Interior do Estado ou o Arquivo Público Mineiro.

[4] INSTITUTO HISTÓRICO GEOGRÁFICO DE MINAS GERAIS. *Ata de reunião realizada no dia 16 de junho de 1907*. Livro 01, 1v.

[5] No entanto, não há trabalhos ainda que possam expor um quadro em que se possam obter informações com maior precisão sobre a atuação desse intelectual no referido grêmio e a mútua interferência que produziram sobre seus conhecimentos acerca dos tempos pretéritos de Minas Gerais. Este texto, portanto, esboçará algumas hipóteses acerca da contribuição de Diogo de Vasconcelos e o IHGMG para a formação da historiografia mineira.

de descentralização que se inaugurava àquele momento, as memórias antes formadoras e fortalecedoras da união passaram a transitar entre os espaços específicos do estado e o ampliado da nação. A possibilidade desse diálogo é tratada por Bruno Franco Medeiros, a partir da proposta que, mesmo compondo um sistema meta-histórico denominado "Nação", esses estados podiam elaborar suas histórias recorrendo aos desígnios do passado sob os auspícios de uma espécie de modernidade conservadora, construindo, também, uma identidade própria para atender as suas reivindicações políticas. Sendo assim, na passagem do oitocentos em Minas, vê-se a tarefa de construir a memória do espaço imediato pelos corpos políticos locais.[6]

Entre a segunda metade do dezenove e a primeira do vinte, de acordo com Álvaro de Araújo Antunes e Marco Antonio Silveira,[7] a produção de narrativas historiográficas se estabelecia concomitantemente à criação de Arquivos, Museus e Institutos com preocupações voltadas para o fazer histórico. Os objetivos do Arquivo Público Mineiro (APM) eram muito semelhantes aos empreendidos por instituições congêneres criadas ao longo do século 19, mas ainda se amalgamavam as memórias com a narrativa histórica da nação. Um dos principais objetivos seria colocar em ordem os fatos que marcaram a história local, buscando homogeneidade dos personagens até aquele momento dispersos, compondo a ideia das delimitações do território,[8] seguindo, por vezes, as tradições corográficas.[9]

---

[6] MEDEIROS, Bruno Franco. História, Memória e Identidade no Arquivo Público Mineiro. In: ENCONTRO MEMORIAL DO INSTITUTO DE CIÊNCIAS HUMANAS E SOCIAIS, 1., Mariana. *Anais...* Mariana: UFOP, 2006, p. 1.

[7] ANTUNES, Álvaro de Araújo; SILVEIRA, Marco Antonio. Memória e identidade regional: historiografia, arquivos e museus em Minas Gerais. *Revista Eletrônica Cadernos de História*, Mariana, ano II, n. 1, p. 2, mar. 2007.

[8] MEDEIROS, 2006, p. 2.

[9] As corografias, segundo Marcos Lobato Martins, em um amálgama de história, tradição e memória coletiva tomavam como seu fundamento decisivo o espaço, não o tempo. Esse espaço era bem recortado, considerado singular frente ao quadro natural nele presente e dos episódios históricos desdobrados nele. Há nesse tipo de produção uma grande ênfase na demarcação de espaços dentro da vastidão do território nacional, estudado sem relação com esse todo maior. O autor propõe que o relacionamento do "nacional" com o "regional" e o "local" é reduzido à descrição dos impactos de grandes acontecimentos da história do país nesses espaços. Cf. MARTINS, Marcos Lobato. Os

O APM, fundado em 1895, simbolizava a própria autonomia de Minas Gerais, segundo Medeiros. A instituição estava ligada à identidade histórica da capitania, da província e do estado de Minas, como se a aglomeração de documentos em um depositório único representasse a unidade de seu território, assim como sua unidade e síntese histórica.[10] José Pedro Xavier da Veiga em seu texto de apresentação ao primeiro fascículo da *Revista do Arquivo Público Mineiro* assim define o papel da instituição:

> Por tudo isso, o Arquivo Público Mineiro, agora fundado, é instituição que consagra sentimentos e ideia popular. Modesto nas suas proporções aparentes, modesto pelo local e meio de instalação, nem assim deixa de ser importante e precioso sob vários aspectos. Bastará dizer-se que no acervo, ainda não ordenado, dos documentos que contêm, estão não só, em original e impressos, atos constitucionais, legislativos e governativos concernentes ao Estado e às antigas Província e Capitania, mas também outros títulos históricos de nossa existência já duas vezes secular, honríssimos padrões que, se recordam gemidos de opressores e soluços de mártires, relembram também, e em maior cópia, ações heróicas, cometimentos de patriotismo intemerato, sublimes voos do pensamento iluminado e inolvidáveis revoltas da dignidade humana.[11]

Já no século 20, o IHGMG e o APM, a princípio, possuíam alguns papéis em comum. Os idealizadores do instituto mineiro, mesmo adotando uma postura particular, procuravam manter laços estreitos com o Instituto Histórico e Geográfico Brasileiro, criado quase sete décadas antes. Um de seus objetivos, para Cláudia Callari,[12] era legitimar, pela

---

estudos regionais na historiografia brasileira. (Disponível em: <www.minasdehistoria. blog.br/wp-content/arquivos//2008/03/historia-e-estudos-regionais.pdf>. Acesso em: 29 out. 2010).

[10] MEDEIROS, Bruno Franco. José Pedro Xavier da Veiga e o Projeto de uma Identidade Histórica no Arquivo Público Mineiro. *Intellèctus*, Rio de Janeiro, ano 5, v. 2, p. 5, 2006. (Atas do Colóquio Intelectuais, Cultura e Política no Mundo Ibero-Americano).

[11] *Revista do Arquivo Público Mineiro*, fasc. 1, p. 3, jul.-set. 1896.

[12] CALLARI, Cláudia Regina. Os institutos históricos: do patronato de D. Pedro II à construção do Tiradentes. *Revista Brasileira de História*, São Paulo, v. 21, n. 40, p. 59-83, 79, 2001, p. 79.

via do passado, o papel desempenhado pelo presente. O papel do IHGB seria, à época da fundação do IHGMG, uma espécie de lugar de tradição historiográfica, visto que, identificado com a Monarquia, enfrentara, nos momentos iniciais da República, um questionamento quanto ao seu papel na escrita da história nacional.[13]

O projeto de criação do Instituto Histórico mineiro partiu da sociedade cívica de debates republicanos, sediada na capital do estado, o Clube Floriano Peixoto.[14] O coronel Júlio César Pinto Coelho, presidente e um de seus membros fundadores, nomeou uma comissão responsável por organizar uma reunião pública com o propósito de se efetivar a criação de um Instituto Histórico e Geográfico naquela capital. Os nomes que compuseram o grupo foram: Antonio Augusto de Lima, Prado Lopes, João Luiz Alves, Francisco Alves Junior, coronel Francisco Bressane, Olyntho Meirelles, Estevam Pinto, major João Líbano Soares, coronel Júlio Pinto Coelho e Pedro Sigaud.[15]

O jornalista e poeta Augusto de Lima, então em nome do Clube Floriano Peixoto, preferiu um discurso em nome da sociedade aos 16 de junho de 1907, data da reunião que prepararia a instalação da IHGMG, tecendo os pontos fundamentais que baseariam a formação de um núcleo intelectual entre os mineiros que tratasse do passado histórico do estado. Os registros e as memórias dos antigos eram, na concepção do intelectual, documentos parcelados de tal aspiração que, por inúmeros motivos, fizeram dessa uma empresa tardia. O IHGMG não era a primeira organização com tal propósito no estado. Em Ouro Preto já haviam sido fundadas anteriormente duas academias com esse fito; uma delas, a sociedade de geografia, organizada por um grupo de estudiosos locais, e depois, na nova capital, o Arquivo Público Mineiro, órgão oficial do estado.[16]

Na criação do IHGMG, a importância do APM não foi subestimada. De acordo com Augusto de Lima, o Arquivo era um depositário das

---

[13] GUIMARÃES, Lucia Maria Paschoal. *Da Escola Palatina ao Silogeu. Instituto Histórico e Geográfico Brasileiro (1889-1938).* Rio de Janeiro: Museu da República, 2006.

[14] Seu nome se deve ao segundo presidente do Brasil, Floriano Peixoto, símbolo do jacobinismo.

[15] *Revista do Arquivo Público Mineiro*, Belo Horizonte, p. 103, 1927.

[16] INSTITUTO HISTÓRICO GEOGRÁFICO DE MINAS GERAIS. *Ata de reunião realizada no dia 16 de junho de 1907.* Livro 01, f. 1v.

"Efemérides Mineiras",[17] divulgador de um grande número de fatos e documentos da história de Minas, e que não deveria ficar isolado. O orador afirma que, em 1901, o jornal belo-horizontino *Diário de Minas* proclamava a oportunidade de fundação de um instituto. Ao mesmo tempo, segundo Lima, o geógrafo Nelson de Senna se movimentava para tornar possível a implementação do projeto. Para o orador, já era tempo de Minas fundar um grêmio desse tipo, uma vez que quase todos os estados da Nação já tinham o seu, ainda mais pelo valor histórico singularmente importante que Minas possuía.

> Não é demais recordar que Minas foi o foco mais intenso da formação da nossa nacionalidade, sendo a precursora dos eventos mais notáveis da nossa evolução político-social. As lutas dos emboabas, os motins dos sertões, a erupção formidável de Felipe dos Santos, a tragédia sanguinolenta dos Conjurados, formam outros tantos marcos crescentes do caráter cívico mineiro através da história política.[18]

Augusto de Lima prosseguiu afirmando, entre os fatos incontornáveis estariam que, muito antes das primeiras leis de proibição do tráfico negreiro, das leis abolicionistas que afloravam no litoral, Minas já colocava em prática essa ideia, marcando mais uma vez o seu pioneirismo e filantropia na história do Brasil. Além desse pioneirismo, a cultura local e a jurisprudência possuíam lugar de destaque na história mineira. Aleijadinho, a Arcádia Ultramarina e os cérebros mineiros responsáveis pelo Código Criminal do Império eram exemplos da força do seu povo.[19]

Partindo para questões mais organizacionais da agremiação, Augusto de Lima explicitava três medidas preliminares para o início das atividades do Instituto Histórico e Geográfico de Minas Gerais. Eram elas: 1º) a aclamação dos correspondentes do APM como sócios fundadores do instituto, além daqueles presentes na reunião; 2º) a aclamação

---

[17] Embora Augusto de Lima não deixe claro em seu discurso, muito provavelmente ele faz referência as "Efemérides Mineiras" compostas por José Pedro Xavier da Veiga, em 1897.

[18] INSTITUTO HISTÓRICO GEOGRÁFICO DE MINAS GERAIS. *Ata de reunião realizada no dia 16 de junho de 1907.* Livro 01, f. 2.

[19] INSTITUTO HISTÓRICO GEOGRÁFICO DE MINAS GERAIS. *Ata de reunião realizada no dia 16 de junho de 1907.* Livro 01, f. 2.

de João Pinheiro da Silva para presidir as sessões preparatórias; 3º) que fosse considerado sócio fundador do IHGMG, Pedro Lessa,[20] que estava de passagem pela cidade.

Pedro Lessa afirmava perante os presentes naquela primeira sessão, que, ao receber o convite de Augusto de Lima para comparecer à reunião de fundação do IHGMG, sua primeira reação foi de recusa. Dizia ele que não traria nenhum brilho e renome à ocasião, e seu estado de saúde também não lhe dava condições de tomar parte dos trabalhos na assembleia, e, mesmo vivendo em São Paulo, jamais se esquecia de seu Estado natal, comparecendo à reunião inaugural da agremiação.

O magistrado asseverou que não havia dúvidas que o olhar que se volta sobre o passado possibilita que se veja mais claramente o presente e chega a vislumbrar o futuro.

O discurso de Pedro Lessa, anotado por Mendes Pimentel, autor da ata da reunião, é um interessante quadro da cultura historiográfica à época. Os *topoi* da História foram colocados pelo orador àquela audiência. De acordo com Pedro Lessa:

> Quase uma banalidade é enaltecer a fundação do Instituto, tão promissoriamente iniciada: nem há quem duvide que o olhar se embebe no passado vê mais claramente o presente e chega a vislumbrar o futuro. Os gregos e os romanos disseram da História ser ela a "mestra da vida", e os Políbios, os Plutarcos e os Cíceros a entendiam como um gênero literário, em que as biografias e narrativas, tratadas na amplificação imaginosa que os antigos historiadores se permitiam, visavam à educação política e moral, inspirada nos fortes exemplos de virtudes, de heroísmo e patriotismo.[21]

O entendimento do passado, segundo Lessa, podia servir de exemplo para a não repetição dos mesmos erros no presente. É possível corrigir algumas situações que superficialmente se afiguravam inauditas e que reproduziam fenômenos registrados pela história. Prossegue, alertando para os novos tempos e novos papéis assumidos pela narrativa historiográfica:

---

[20] Pedro Lessa foi um jurista nascido na cidade do Serro, um dos responsáveis pela elaboração da Constituição do estado de São Paulo em 1891. Em 1907, Pedro Lessa foi nomeado ministro do Supremo Tribunal Federal (STF). Foi ele o primeiro negro a ser ministro do STF. Em 1910, Pedro Lessa também assumia uma cadeira na Academia Brasileira de Letras.

[21] INSTITUTO HISTÓRICO GEOGRÁFICO DE MINAS GERAIS. *Ata de reunião realizada no dia 16 de junho de 1907*. Livro 01, f. 3.

> Essa conceituação ingênua da História foi severamente desmentida pelo critério da exatidão e da fidelidade na averiguação dos fatos humanos, contraposto à criação romântica dos seus primeiros cultores. Mas, a História continua, "mestra da vida", [e] não se limita a reunir os fatos humanos, de cujo exame comparativo se induzem as leis sociológicas; proporciona ensinamentos práticos, lições de imediata utilidade, exemplos vivamente sugestivos, que os estadistas não podem deixar de aproveitar.[22]

O projeto escriturário que se instaurava em Minas Gerais naquele momento, e que se mostrava como carro-chefe para a recuperação do passado do estado era a supervalorização dos "tempos gloriosos" da mineração, o que serviria como argumento para impulsionar o futuro da região. A partir desse movimento, identificamos duas possibilidades de "restauração" desse passado, que veremos mais adiante. Um primeiro defendido por um grupo mais conservador, onde se encontra Diogo de Vasconcelos. Tal grupo movimenta a ideia de que a história colonial mineira é o momento inicial da constituição da civilização brasileira. Ela faz parte de um processo evolutivo que culmina na modernidade republicana. Não há etapas da história que sejam melhores ou piores, mas a história colonial é vista como uma fase opulenta e que merece um maior destaque e pode explicar o presente. Mesmo ativando o *topos* história mestra da vida, Lessa ou Diogo de Vasconcelos não propõem uma homogeneidade entre passado e presente. O passado minerador explica o presente, mas um e outro não se reduzem.

> E, neste ponto – sem diminuir a admiração que tem pelo seu eminente amigo, dr. Augusto de Lima, de cuja opinião vai divergir, e sem lisonja ao benemérito Presidente do Instituto, cuja orientação governamental aplaude –, mostra o subsídio inigualável que fornece à História, principalmente para a verdadeira apreciação dos fatos econômicos, quando males do presente podem ser evitados ou curados pela ilação de crises semelhantes no passado. Dentro das raias da contingência humana, é possível corrigir situações, que superficialmente se afiguram inauditas e que em verdade reproduzem fenômenos registrados pela História. Para só citar um caso que fere a retina de todo o mineiro: na quadra

---

[22] INSTITUTO HISTÓRICO GEOGRÁFICO DE MINAS GERAIS. *Ata de reunião realizada no dia 16 de junho de 1907*. Livro 01, p. 3v.

colonial, região houve da capitania mineira, em que a opulência diamantina derramou por sobre ela todos os tesouros da civilização, estando o remoto sertão mineiro em contacto imediato com os grandes centros da Europa, com os quais permutava as pedras preciosas por tudo quanto de conforto e de luxo podia dar o progresso da época. Hoje, é de amargura e de desalento a impressão que recolhe quem visita o norte-mineiro, outrora cenário de riquezas que pareciam inesgotáveis e agora uma como que necrópole, que atesta na desolação a precariedade dos cometimentos que infringem as leis econômicas. O fato de ontem se espelha no fenômeno de hoje, na crise do café, a qual é a resultante da ilusão das tentativas de contrariar o processo natural do desenvolvimento econômico.[23]

A história, para um segundo grupo, liberal, partilha do mesmo código, mas com algumas variantes. A história colonial mineira é também considerada como idade do ouro e Minas era o principal elo da Colônia com a civilização ocidental. No entanto, não viam a história como um processo de evolução positiva. O momento colonial, principalmente no que se diz aos movimentos sediciosos, é marcado por uma oposição a uma ordem monárquica de caráter negativo, constituindo os germens do republicanismo brasileiro. O Império é a idade das trevas, momento de declínio do Estado, de uma *ruralização* que impediu o avanço de Minas. A República surgia para reverter esse quadro, e o IHGMG era uma instituição que contribuiria para isso.

A memória histórica de Minas é povoada de *descrições* e *notícias* comuns ao século 18,[24] passando pelas *corografias* e *memórias* do século 19,[25] até chegar aos primeiros trabalhos historiográficos mais abrangentes que fugiam de um regionalismo mais estrito, já no século 20.[26]

---

[23] INSTITUTO HISTÓRICO GEOGRÁFICO DE MINAS GERAIS. *Ata de reunião realizada no dia 16 de junho de 1907.* Livro 01, p. 3v.

[24] Cf. RODRIGUES, José Honório. *História da Historiografia do Brasil.* 1ª parte. Historiografia Colonial. São Paulo: Companhia Editora Nacional, 1979.

[25] Cf. MARTINS, Marcos Lobato. *Os estudos regionais na historiografia brasileira.* (Disponível em: <www.minasdehistoria.blog.br/wp-content/arquivos//2008/03/historia-e-estudos-regionais.pdf>. Acesso em: 29 out. 2010).

[26] Cf. MACHADO, Rodrigo. O Heródoto Mineiro: da tradição monárquica à historiografia republicana. *Revista Temporalidades*, Belo Horizonte, v. 2, p. 56-65, 2010.

De acordo com Callari, mesmo o IHGB como grande modelo de organização, as instituições locais se diferenciavam em alguns aspectos em relação à "matriz" carioca. Diferentemente do IHGB, que possuía, ainda no início do século 20, vínculo com as tradições monárquicas, o IHGMG surge como uma instituição completamente ligada aos princípios políticos republicanos. Os cariocas ainda possuíam o intuito de promover a escrita de uma história geral do Brasil, enquanto os mineiros, inseridos em um regime acentuadamente federalista, empenhavam-se em justificar o poder econômico e político de Minas, em particular.[27]

Nos estudos acerca do lugar do IHGB no limiar da República, Hugo Hruby[28] salienta que não se podem relegar as intrínsecas relações que a instituição possuía com o regime de governo abolido e com o monarca deposto. A produção do discurso historiográfico dos cariocas estava inter-relacionada com o projeto político do Estado monárquico, e seus integrantes possuíam importantes cargos na estrutura burocrática do antigo regime. Devido a isso, diz o autor, o IHGB foi perseguido por incertezas e retaliações. Hruby aponta que, mesmo com os discursos de submissão dos sócios mais atuantes, e da ampla adesão dos "vira-casacas", a instituição passou a ser vista como um "ninho de sebastianistas". Estratégias foram traçadas nesse período a fim de se poder manter o Instituto funcionando, uma vez que não mais possuía a sua mais importante fonte financiadora, Dom Pedro II.

> A diretoria do instituto esmerava-se por deter a febre destruidora das hordas jacobinas, a fim de que o "domínio do martelo e da picareta" passasse ao largo da instituição. Além da importante questão financeira que fez com que o quesito "suficiência literária" fosse atenuado, a aproximação com as instâncias do poder da República realizou-se através do empenho em trazer para o IHGB importantes nomes de políticos vinculados ao governo, como Ministros, Senadores e Governadores.[29]

---

[27] CALLARI, 2001, p. 75.

[28] HRUBY, Hugo. O Instituto Histórico e Geográfico Brasileiro no limiar da República (1889-1912): momentos decisivos. In: ENCONTRO ESTADUAL DE HISTÓRIA, 9., 2008, Porto Alegre. *Anais...* Porto alegre: PUC-RS, 2008, p. 3.

[29] HRUBY, 2008, p. 3.

O IHGB via-se cada vez mais fragilizado devido à rápida queda do regime a que servia. Os membros do Instituto aos poucos foram reavaliando o projeto de escrita da história nacional, instaurado em 1838, para que o Instituto Histórico não se tornasse uma instituição obsoleta que se resumia a um só credo. As concepções de história e do ofício do historiador desgastavam-se frente à alteridade de reflexões oriunda da exacerbação de seu quadro social heterogêneo.[30] Mesmo a instituição carioca passando por uma grande crise de funcionalidade, sofrendo com a tensão entre a ruptura de paradigmas que ela mesma havia criado, seus estatutos serviam ainda como a principal fonte de inspiração para os grêmios regionais que pretendiam seguir seus passos. Para o IHGMG, os laços que o IHGB possuía com a Monarquia não estavam em jogo, em um primeiro plano da cena historiográfica. Essa ligação atenuava-se frente ao papel desempenhado pela agremiação carioca, no que tangia às formulações sobre o passado da terra brasileira. Apesar de os mineiros do IHGMG virem do grupo jacobinista, não havia sido feito nenhum tipo de estratégia que tentasse "angariar" sócios que fossem deputados ou senadores da República. Estabeleceu-se, diante do projeto de narrar a história, um grupo que mesclava liberais (radicais muitos deles) e conservadores, como Diogo de Vasconcelos.

> Cumpre, pois que todos os institutos do Brasil se unam ao mais antigo deles, tendo um único fanal, a publicação de manuscritos e monografias; pois que já alguém já escreveu: os novos documentos renovam às vezes a fisionomia de um século. [...] É preciso preencher os hiatos, dúvidas e incertezas que ainda se notam em nossa história. E então o Brasil terá seu verdadeiro historiador, tal como exige a ciência dos modernos tempos. Competentes não nos faltam.[31]

Em julho de 1907, fora discutido o projeto dos estatutos da instituição. A pedido de João Pinheiro, Altino Alves Filho, secretário e relator dos estatutos, levou o projeto à mesa. Carlos Ottoni, membro da comissão organizadora dos estatutos, afirma que os do IHGB serviram de modelo para o Instituto mineiro, sugerindo, em seguida, que se fizesse

---

[30] HRUBY, 2008, p. 4.

[31] FAZENDA, Vieira. Institutos Históricos. *Minas Geraes*, Belo Horizonte, 24 de Agosto de 1907. (Artigo transcrito do jornal *A Notícia*, do Rio de Janeiro, a 18 de agosto de 1907).

a discussão e a votação por capítulos. Com exceção do capítulo V, artigo 22, todos os outros foram aprovados unanimemente. Para a parte em questão foi discutida uma emenda apresentada por Mendes Pimentel para que, em vez de se criarem comissões subsidiárias aos trabalhos históricos, geográficos e de pesquisas de manuscritos e documentos, estas se compusessem do duplo de membros das demais comissões.[32] A emenda foi discutida e aceita pelos membros presentes na reunião do dia 12 de julho do respectivo ano.

Com relação aos estatutos do Instituto Histórico e Geográfico de Minas Gerais há uma pequena controvérsia, quatro anos depois da criação do Instituto, vista nas propostas do sócio José Alves, que propôs que a agremiação adotasse os estatutos do IHGB como se fossem os seus, uma vez que eles serviam como modelo para os todos os institutos congêneres:

> Propomos que o Instituto adote como seus os estatutos por que se rege o Instituto Histórico e Geográfico Brasileiro, uma vez que por ele se tem modelado os demais Institutos congêneres do país, convencido que a mesa, feitas as modificações necessárias, os faça imprimir quanto antes no órgão oficial do estado.[33]

Meses mais tarde, decidira-se por publicar os estatutos da instituição segundo os originais anteriormente aprovados, levando em consideração algumas alterações deliberadas próximas àquela data. Apenas em 1914 há notícias de que os estatutos da instituição foram publicados pela Imprensa Oficial do Estado. Não se sabe exatamente, portanto, quando os estatutos do IHGMG foram efetivamente publicados, mas sabe-se de suas principais funções:

> Investigar, coligir, metodizar, publicar ou arquivar os documentos concernentes à história e à geografia de Minas Gerais, e à arqueologia, etnografia e língua de seus indígenas; Manter correspondência com as sociedades e academias estrangeiras de igual natureza, bem como as associações congêneres existentes na Capital Federal e nos diversos Estados da República, para mais fácil desempenho dos fins a que se propõe; Publicar, uma

---

[32] INSTITUTO HISTÓRICO GEOGRÁFICO DE MINAS GERAIS. *Ata de reunião realizada no dia 12 de julho de 1907*. Livro 01, f. 4v.

[33] INSTITUTO HISTÓRICO GEOGRÁFICO DE MINAS GERAIS. *Ata de reunião realizada no dia 22 de janeiro de 1911*. Livro 01, f. 11v.

ou mais vezes por ano, uma Revista, na qual se conterão os seus trabalhos (atas das sessões, discursos do presidente e do orador, relatório do 1º secretário, lista dos sócios, etc.).[34]

O dia 15 de agosto de 1907 foi escolhido o dia da instalação solene do Instituto Histórico e Geográfico de Minas Gerais. Nelson de Senna apresentou à mesa uma exposição concernente aos intuitos da fundação do Instituto. Logo após foi dada a palavra a Diogo de Vasconcelos, orador oficial da instituição. Esse discurso, assim como a grande maioria dos que foram proferidos no IHGMG ao longo dessa fase, não foi anexado à ata, sendo publicado na Revista do Arquivo Público Mineiro, em 1909.

Um antirrepublicano entre florianistas

Engajado em escrever a história de Minas Gerais, Diogo de Vasconcelos era identificado como um grande conhecedor dos arquivos do estado. Embora não tivesse nenhum envolvimento direto com o APM, o historiador nascido na cidade de Mariana conhecia bem o acervo do Arquivo, pois ele mesmo já havia contribuído muito para a sua formação. Além do IHGMG, Vasconcelos também participou da fundação do extinto Instituto Histórico e Geográfico de Ouro Preto, e era sócio correspondente do Instituto do Ceará, de São Paulo e do próprio Instituto Geográfico e Histórico Brasileiro. O historiador foi convidado, como representante do IHGMG, no Primeiro Congresso de História Nacional promovido pelo IHGB, em 1914, com a tese oficial, *Linhas gerais da administração colonial. Como se exerce. O vice-rei, os capitães-generais, os governadores, os capitães-mores de vilas e cidade*.[35]

O caminho de Diogo de Vasconcelos no IHGMG é bastante obscuro. As atas das reuniões trazem poucas informações acerca da atuação efetiva de Vasconcelos o Instituto Histórico.

Diogo de Vasconcelos foi ao longo da segunda metade do oitocentos, um forte defensor do Partido Conservador, servindo por várias vezes

---

[34] *Revista do Arquivo Público Mineiro*, Belo Horizonte, p. 107-108, 1927.

[35] Para saber mais acerca do Primeiro Congresso de História Nacional veja: GUIMARÃES, Lucia Maria Paschoal. *Instituto Histórico e Geográfico Brasileiro: da Escola Palatina ao Silogeu*. Rio de Janeiro: Ed. UERJ, 1999, p. 84-115.

como deputado geral e provincial. Já com a República instaurada, ainda esteve à frente do cargo de presidente da Câmara de Vereadores e agente executivo da então capital Ouro Preto. Com o improvável retorno do monarca ao trono, o político se afastou da cena política, dedicando-se principalmente ao jornalismo. É nesse momento que se propõe a organizar em um livro as memórias que ele possuía acerca dos tempos remotos de Minas. Em 1904, publica a sua emblemática *História Antiga das Minas Gerais*, que lhe concedeu o *status* de primeiro historiador de ofício de Minas, título bastante controverso.

Uma vez contrário à política republicana, quais foram os motivos que levaram Diogo de Vasconcelos a ocupar o cargo de orador do IHGMG? Essa certamente não é uma pergunta que se pode responder "de pronto". Aparentemente, o vínculo com uma instituição republicana não era um problema para Vasconcelos, nem mesmo o passado monarquista dele era um abismo para o IHGMG. O novo regime já havia se consolidado e a ameaça restauradora já não possuía mais forças no país; dessa forma, intelectuais monarquistas não mais representavam barreiras para os políticos republicanos. Por outro lado, a incorporação do conhecimento desses homens era algo significativo para a estabilização do regime. Nesse sentido, a presença de Vasconcelos em uma instituição republicana não era incrível. O historiador atuante há algum tempo na pesquisa histórica, de certa forma, representava um cânone desde a publicação da *História Antiga*. Com isso, a aproximação dos conhecimentos históricos de Diogo com os interesses do IHGMG inaugurava um projeto historiográfico que não pode ser considerado acima dos projetos políticos, mas, como se disse acima, as ideias monarquistas não impediam a narrativa republicana da história mineira. Pode-se ver a possibilidade dos dois projetos na seguinte passagem do discurso:

> Não pertenço, senhores, ao convênio daqueles, que até em documentos oficiais e programas de ensino renegam a utilidade descritiva da história; porque também não concorro para a doutrina dos que apagam de nossas crenças o ideal procurado pelos povos, em sua marcha ascendente através dos séculos. A própria divisão do mundo atual nos demonstra como a civilização preferiu as raças, que tiveram história, deixando abatidas nos estádios mais rudes aquelas, que não a criaram. É, senhores, que os anais, as memórias, as biografias dos homens ilustres, encerram em

síntese, alguma coisa mais preciosa que a narração inerte e fria dos tempos e dos acontecimentos.[36]

O IHGMG era um dos locais de fala de Diogo de Vasconcelos, talvez um dos principais durante o primeiro quartel do século 20. A retórica do historiador marianense aproximava o passado mineiro à Antiguidade europeia,[37] e a manutenção do estilo romântico de escrita se embrenhava em uma forma mais moderna de se fazer história.

Em linhas gerais, a historiografia mineira, ao menos quando voltamos os olhos para Vasconcelos e para o Instituto Histórico, se apropriava novamente do passado minerador, impulsionando Minas como berço da civilização brasileira, e a fazia também o embrião republicano, o lar dos primeiros grandes homens de letras, e essa memória deveria ser construída e registrada. Tal projeto fora iniciado por Xavier da Veiga no APM, e suas efemérides possibilitavam que obras como as de Diogo de Vasconcelos, que se propunham a sistematizar e ordenar esse passado, pudessem ser escritas.

Para os dois projetos, a história de Minas possuía a mesma origem, isto é, aquela que se atribui logo na criação de seus primeiros povoamentos. O passado colonial, sobretudo no que tange à mineração, era o carro-chefe dessa historiografia. Aquele era o período em que se desenvolveriam os primeiros sinais de civilização na América Portuguesa. Ao entrar no período imperial, as concepções de história começavam a se distinguir. O IHGMG, seguindo o projeto republicano, via a história imperial como um momento de declínio das Minas Gerais. O século 19 foi marcado por uma forte "ruralização" e uma recessão econômica. Essa crise é associada pelos republicanos do Instituto Histórico ao centralismo antimoderno da Monarquia. Diogo de Vasconcelos, por sua vez, embora admitisse que o período imperial não tinha sido um momento de opulência para Minas, via a passagem pelo Império como um momento de evolução da história nacional. O seu grande tema ainda era a colônia,

---

[36] SILVA, Rodrigo Machado da. Diogo de Vasconcelos e o IHGMG: os parâmetros para a História de Minas Gerais. *Revista de História da Historiografia*, n. 5, p. 256, 2010. (Seção Textos e Documentos Historiográficos).

[37] TÔRRES, João Camillo de Oliveira. *História de Minas Gerais*. 3. ed. Belo Horizonte: Lemi; Brasília: INL, 1980, v. 1, p. 40.

mas, ao contrário de uma "historiografia republicana", o historiador não negava o Império.

A concepção de história para Diogo de Vasconcelos fica bem clara no discurso proferido por ele na ocasião da instalação do IHGMG. O discurso, publicado pela Revista do APM, é o único localizado, até esse momento, de Vasconcelos como membro do IHGMG. Segundo o historiador, o Instituto foi criado para completar um campo de atividade intelectual que marcava aquele presente em Minas. A instituição, para o orador, fortificava ainda mais a homogeneidade do povo mineiro, unificando seus elementos étnicos tradicionais, que existiam desde os tempos de sua formação.[38]

A unificação da qual Diogo se referia muito provavelmente dizia respeito a um processo de homogeneização política sofrida em Minas após a transferência da capital do estado de Ouro Preto – representante da região central –, para Belo Horizonte, uma área neutra. Minas Gerais no início do século 20 era fragmentada em diversas microrregiões econômicas, que também levavam a uma certa fragmentação cultural. Cláudia Viscardi indica que a condição fragmentária de identidades sub-regionais no estado dificultava a construção de interesses políticos comuns em Minas, o que impedia que o estado tivesse uma força política mais sólida no cenário nacional. Para ela, só com a fundação de Belo Horizonte e a aglutinação do poder político em uma região relativamente neutra é que houve a possibilidade de os mineiros desenvolverem um discurso unitário.[39]

O papel político da transposição da capital foi o preponderante para a "unificação" de Minas Gerais, no entanto, não foi o único. Todo o movimento de se estabelecer a criação de Arquivos, Museus, Institutos Históricos e obras de cunho historiográfico teve um papel simbólico muito forte na construção de uma *identidade imaginária* do mineiro. As histórias não eram mais voltadas a um localismo muito específico, ou seja, aquele que só abarcava uma cidade ou uma microrregião, mas

---

[38] VASCONCELOS, 1909, p. 211-220.

[39] VISCARDI, Cláudia Maria Ribeiro. Elites políticas mineiras na Primeira República Brasileira: um levantamento prosopográfico. In: PRIMEIRAS JORNADAS DE HISTÓRIA REGIONAL COMPARADA, 2000, Porto Alegre, v. 1, p. 2. (CD-ROM das Primeiras Jornadas de História Regional Comparada – Países do Mercosul).

passava a ser mais abrangente, considerando o estado de Minas Gerais como homogêneo desde seus primórdios. A *História Antiga das Minas Gerais*, e depois a *História Médias das Minas Gerais*, publicada em 1918, ambas de Vasconcelos, traziam consigo a ideia de uma "história geral" de Minas, mesmo que na prática ainda se veja uma história de microrregiões. Nesse sentido, o IHGMG, para Vasconcelos, possuía a fundamental função de condensar as qualidades inatas do povo mineiro, aperfeiçoando a mentalidade transmitida pelos antepassados nas circunstâncias especiais da origem das Minas.[40]

Para Vasconcelos, a história possuía um forte valor moral e pedagógico. Sua função, além de instruir, era a de preparar a mocidade, pois, através da aprendizagem sobre os tempos remotos, poderiam construir as reais condições do futuro. No entanto, a história deveria ser escrita da forma mais verdadeira, tal como ela realmente foi.

> Com a condição iniludível de ser fiel, verdadeira e severa, de não amar nem odiar sejam reis, sejam povos, a história de seu inventário mudo com a eloquência e simplicidade dos resultados nos fala de uma força que neles se envolve e que sai deles, quando urge tirar o bem do próprio mal, para achar a unidade espontânea e final dos mais variados acontecimentos; e para em cada dia mais que purificar diante de nossas visitas a mira a que os homens inconscientemente se dirigem, através da nuvem tormentosa dos séculos.[41]

Podemos perceber em inúmeros momentos da trajetória política e intelectual de Diogo de Vasconcelos, certo tipo de discurso polivalente emoldurando, assim, os locais de fala que atuava. O discurso conservador é certamente o preponderante, mas havia momentos em que nosso personagem apresentava características liberais. No entanto, esta última era sempre acompanhada pela primeira, ou seja, o possível liberalismo que, por vezes, aparecia em Vasconcelos era suavizado pelo discurso conservador que ele mesmo se atribuía. Isso se torna mais claro quando retornamos à questão da história progressiva que tem a função de preparar o futuro, movimento que, por mais liberal que a ação lhe impusesse, possuía forte base conservadora.

---

[40] VASCONCELOS, 1909, p. 214.
[41] VASCONCELOS, 1909, p. 215.

A civilização, para o autor, é guiada pelos caminhos do progresso e pelo poder da Providência. De forma tortuosa e oscilante, a civilização move-se no tempo. Segundo ele, o espírito está intimamente ligado a circunstâncias e acidentes físicos. O investigador da história, de acordo com Vasconcelos, não deve tomar o progresso como algo simplesmente determinado pela natureza. Deus está presente em todas as instâncias da vida do homem, diz o autor, nada se faz sem ele, pois tudo é obra Sua.[42]

Para o orador do IHGMG, as doutrinas que negam o livre arbítrio, o instinto de perfeição e a Providência podem conseguir tudo, menos a *verdadeira* filosofia da história, que, para o autor, é banhada pela luz da experiência.

> Pesquisar, portanto, nas páginas descritivas do passado as sínteses, que a Providência extraiu dos acontecimentos, distinguir e conhecer a lição que essas sínteses encerram e autorizam, proclamar o triunfo infalível da virtude sobre o vício, do direito sobre a tirania, eis, senhores, portanto, a crítica em sua elevada missão criadora.[43]

A história, mais uma vez, deveria ser, para Diogo, severa, leal e verdadeira. Ela era em sua concepção disputada por partidos, e sempre rodeada pelo perigo da imaginação apaixonada, ou seja, de criar um passado mítico e inventado para justificar causas próprias. A história deveria ser libertada disso. Cabe ao historiador, na visão de Vasconcelos, assumir essa tarefa. A história tem um papel fundamental na civilização. Segundo o orador, ela é o sol que aquece os povos e os ilumina. A crítica, portanto, deve ser imparcial e justa, tanto com o tempo quanto com os homens. Os povos devem ser julgados em seu próprio tempo e espaço. Não podem ser acusados de promoção de ações que não estavam ao seu alcance no momento de sua execução, condenadas por ideias que não tiveram. Este cuidado deveria sempre estar na mente do historiador.[44]

Tradição e modernidade são os dois elementos aparentemente antagônicos que aparecem juntos na ação intelectual de Diogo de Vasconcelos. Em um mesmo espaço de sociabilidade e debate político essas duas

---

[42] VASCONCELOS, 1909, p. 215-217.
[43] VASCONCELOS, 1909, p. 218.
[44] VASCONCELOS, 1909, p. 218.

instâncias coabitam sem maiores problemas. A forte marca monarquista e católica defendida pelo historiador marianense dividia espaço com o espírito republicano e ateu do presidente da instituição, João Pinheiro. O Instituto Histórico, para Vasconcelos, surgia como o centro intelectual destinado às lições da história de Minas Gerais e de seus direitos para a construção de seu território sagrado. Uma visão muito positiva da iniciativa republicana na qual ele reservava todos os méritos, elogiando o principal patrono da instituição, o próprio João Pinheiro.

> Dedico aos estudos prediletos deste Instituto, s. exc. logo lhe rasgou a mais franca simpatia, e não se demorou com a sua penetração a compreender, que na obra trabalhosa de seu governo, reformador inigualável da Instrução Pública, nenhum capital mais belo poderia ser engastado que este, de onde partirá o exemplo que nos tem dado de amor e da dedicação às ciências e às letras.[45]

Diogo de Vasconcelos e o IHGMG iniciavam, na primeira década do século 20, os primeiros movimentos para a escrita de uma história "homogênea" para Minas Gerais. Projeto republicano de legitimação do poder político e econômico do estado via legado do passado glorioso que os mineiros possuíam com a mineração do século 18. No entanto, o IHGMG parece ser uma instituição que se tornou mais um grande projeto que não deu certo do que um espaço acadêmico que realmente construiu a memória histórica do estado. Praticamente toda a primeira metade do 20 possui poucos registros sobre o papel efetivo da instituição como local de escrita da história de Minas. Vasconcelos, por sua vez, continuava o seu projeto, mesmo que muito fragmentado, de escrever a história de Minas, mas com um tom menos categórico no que tange às suas tradições, embora não as tivesse abandonado. Em 1918, o orador perpétuo do IHGMG assumia o cargo de senador estadual de Minas, encerrado, em 1927, com sua morte.

Os primeiros vinte anos do Instituto Histórico e Geográfico de Minas Gerais foram uma espécie de longo projeto. O interesse por criar uma grande biblioteca, um museu e uma revista vinculada à instituição sempre foi um sonho dos membros do IHGMG, que não chegou a se

---

[45] VASCONCELOS, 1909, p. 220.

concretizar da maneira que imaginavam. Os membros planejaram a criação de sua Revista já em 1907,[46] mas esse empreendimento só se concretizou no ano 1945, com referências somente dos dois anos anteriores à publicação.[47]

A Revista do APM seria um suporte até a criação efetiva do periódico do Instituto Histórico. No entanto, mesmo com a parceria, há poucas informações do IHGMG na Revista do APM. É possível acompanhar as publicações das primeiras notícias sobre o grêmio, suas primeiras atas, alguns discursos, incluindo o de Diogo de Vasconcelos já citado, e em espaços muito longos. Os membros da comissão organizadora do 6º Congresso de Geografia, composta por membros do IHGMG e que foi realizado em Belo Horizonte no ano 1918, propuseram que os anais do evento fossem publicados no ainda previsto primeiro número do periódico da instituição, o que naturalmente não aconteceu.

Em 1927, com a iniciativa do então presidente do estado, Antonio Carlos Ribeiro de Andrada, o IHGMG entrava em uma "nova fase". Mais uma vez a instituição, seguindo a própria ideia com o intuito patriótico pela reconstrução do passado mineiro, e pela busca da grandeza do presente e da preparação do futuro daquela terra, era organizada por um grupo de intelectuais e políticos ligados ao governo e ao projeto republicano.

> O vivo interesse e simpatia despertados, entre quantos vivem da inteligência em nosso meio, pela iniciativa dos que estão empenhados na obra de renascimento da instituição destinada a ser um dos órgãos notáveis de afirmação da cultura mineira, fazem esperar que o instituto realize, daqui por diante, os nobres e elevados fins de sua criação, concorrendo eficazmente para o progresso e para civilização de nosso estado.[48]

---

[46] Na eleição da primeira diretoria do IHGMG, foram estabelecidas todas as comissões que comporiam as diversas áreas que a agremiação abarcaria. A mesma que confeccionaria os estatutos da academia seria a responsável pela editoração da revista. Antonio Olyntho dos Santos Pires, Rodolpho Jacob, Antonio Augusto de Lima, Arthur Joviano e Estevam Pinto faziam parte dessa comissão. Pudemos observar durante toda a análise das atas da agremiação que, por diversas vezes, a possibilidade da redação do periódico dedicado aos conteúdos do IHGMG haviam sido citados, sempre como um projeto a curto prazo, mesmo não se concretizando na dita Primeira Fase.

[47] CALLARI, 2001, p. 78.

[48] *Revista do Arquivo Público Mineiro*, Belo Horizonte, p. 109, 1927.

O modelo de investigação acerca do passado local mineiro começou a ser ligado às figuras de Xavier da Veiga, responsável por organizar de forma institucional os vestígios do passado do estado, e de Diogo de Vasconcelos, como grande cronista desse passado. O presidente de Minas, Antonio Carlos, em um discurso na solenidade do estabelecimento da "nova fase" do IHGMG, em fevereiro de 1927, dizia:

> A história de Minas Gerais está ainda por ser feita. Excetuam-se a obra devida aos talentos e a pertinácia de Xavier da Veiga e aquela criada pelo espírito talentoso e beneditino de Diogo de Vasconcelos, e não se deparará ao estudioso desses assuntos senão a leve narrativa de episódios esparsos ou monografias que, embora meritórias, valem apenas como ligeiros lineamentos para as grandes generalizações que o historiador do futuro terá de lançar.[49]

---

[49] *Revista do Arquivo Público Mineiro*, Belo Horizonte, p. 117, 1927.

Diogo de Vasconcelos e o patrimônio histórico

Ivana Parrela

> *A contribuição de Minas Gerais foi, no período colonial, para a nossa história tradicional e artística, das de maior vulto e beleza. É o que nos vai dizer a palavra amante do Mestre Diogo de Vasconcelos.*
>
> Aníbal Matos[1]

Este capítulo tem por objetivo discutir a atuação de Diogo de Vasconcelos quanto à preservação do patrimônio histórico. Para contemplar seus trabalhos nesta área, reconhecem-se aqui dois momentos. O primeiro vai de seu retorno a Minas Gerais, depois de concluir seus estudos, até 1893. O segundo, quando deixa a vida pública e passa a dedicar mais tempo à escrita da história.

Inspirou-se em Denise Bottmann,[2] mais especificamente em seu trabalho *Padrões Explicativos da Historiografia Brasileira*, para esclarecer como o autor constitui, a partir de suas redes de sociabilidade, uma obra que, a todo momento, chama a atenção para a necessidade de preservar as "relíquias do passado", as "tradições", mas que, ao mesmo tempo, muda à medida que mudam os interesses do autor, suas condições de acesso às fontes e suas possibilidades de tomar decisões

---

[1] MATOS, A. Prefácio. In: VASCONCELOS, Diogo de. *A Arte em Ouro Preto*. Belo Horizonte: Academia Mineira de Letras, 1934. p. 16.

[2] BOTTMANN, D. *Padrões Explicativos da Historiografia Brasileira*. Curitiba, Aos Quatro Ventos, 1977.

como chefe do Executivo ou membro do Legislativo. Acredita-se que, assim, se torna mais fácil pensar o que eram os monumentos para Vasconcelos, aqueles que ele considerava dignos da memória nacional, no decorrer de uma vida longa, sem o risco de escorregar nas avaliações preconcebidas que o enquadram como um romântico, pouco afeito às metodologias de escrita da história do século XX, que não citava suas fontes, que não ia aos documentos, como insistia T. Feu de Carvalho[3] em suas críticas. Ou seja, não se tomam aqui suas concepções como imutáveis. Como instiga Bottmann, ao tratar de Capistrano de Abreu, "quantas vezes não nos ocorre darmo-nos por satisfeitos com o adjetivo 'positivista' para designar meio século de produção historiográfica, aquele que vem estacar a soleira dos anos 30?".[4]

Para dar conta de tais objetivos, é conveniente recuperar algumas definições básicas de Vasconcelos para a salvaguarda do patrimônio.

Em 1911, ao aceitar a incumbência de escrever uma parte da Memória Histórica, destinada às comemorações do bicentenário de Ouro Preto, Vasconcelos dizia ter aceitado a empreitada "por entender que não se trata de um julgamento, e sim de inventário puramente descrito das obras de arte"[5], que necessitava ser feito naquele momento. Isso estaria plenamente afinado com os intuitos da festa e não poderia significar outra coisa senão a glorificação do passado.

> Neste suposto, os monumentos, quaisquer que sejam, grandes ou pequenos, bem ou mal-acabados, constituem por certo, o patrimônio herdado; e cada um na sua proporção de seu valor, ou de sua lenda, concorre para o conjunto das tradições que fizeram desta cidade [Ouro Preto] o centro e o coração da história.[6]

Essa citação esclarece o que o autor considerava a essência da definição dos bens patrimoniais: o sentimento de pertença por eles provocado.

---

[3] As críticas a Diogo de Vasconcelos podem ser encontradas no APM, especialmente, no arquivo pessoal do antigo diretor da instituição. Um resumo delas é apresentado no artigo de um ex-colega de Feu de Carvalho: LIMA, Alberto Souza. Reminiscências. *Estado de Minas*, 9 de janeiro de 1966. Arquivo Pessoal T. Feu de Carvalho, pasta 15, s/n.

[4] BOTTMANN, 1977, p. 3.

[5] VASCONCELOS. 1934, p. 17.

[6] VASCONCELOS, 1934, grifos nossos.

Daí a preocupação com seu valor histórico, comprovado pelos documentos, ou sua lenda, o que para Vasconcelos compreenderia o conjunto das tradições que reforçam a valoração do monumento. Ao mesmo tempo, justificava a entrada em sua obra de vários relatos de sua própria memória ou da memória de seus contemporâneos, que constituem alguns dos chamados "toques românticos", ou "toques de subjetividade", que dava a seus trabalhos, conforme seus críticos. Por exemplo, ao discutir a descrição "física e mental" de Tiradentes, a partir da análise de um quadro do Salão Municipal de Ouro Preto:

> [...] foi um homem loquaz, e impaciente, alto, magro e nervoso, de rosto comprido, ângulos salientes; olhos azuis e inquietos; cabelos quase louros e rarefeitos com a barba da mesma cor. Não é portanto o Tiradentes do quadro, figura medíocre, feição arbitrária, sem vislumbre ao menos de sua situação mental.[7]

Mais adiante, reiterava a necessidade de dar conta das particularidades da personagem e da emoção que devem evocar os monumentos:

> [...] os artistas que trataram o Tiradentes, ou o seu assunto, se fossem mineiros, o amor teria guiado o talento, que embora de primeira ordem não soube conhecer nem penetrar no íntimo os acontecimentos, como só nós podemos avaliar, visto sermos órgãos de tradição e das lendas, que nos foram transmitidas junto às fontes da história.[8]

Pode-se afirmar que suas concepções sobre patrimônio estavam bem alinhadas com as perspectivas de sua época. Se se tomam como contraponto as definições do dicionarista Littré,[9] cuja obra foi publicada pela primeira vez entre 1863 e 1877, o patrimônio se refere a "bens de herança", que "passam, segundo as leis dos pais e das mães para sua filiação". Ele não evoca *a priori* o tesouro ou a obra-prima nem exige uma ligação estrita com as categorias do verdadeiro ou do falso, mesmo que se deva alegar sua autenticidade. O século XIX constitui, nesse aspecto, um momento estratégico, quando é compreendido como algumas das

---

[7] VASCONCELOS, 1934, p. 97, grifos nossos.
[8] VASCONCELOS, 1934, p. 99, grifos nossos.
[9] Cf. Verbete: < http://www.littre.org/definition/patrimoine>. Acesso em: 10 jan. 2011.

melhores práticas preservacionistas para a elaboração de cânones, repertórios e catálogos, segundo Dominique Poulot.[10]

As gêneses das políticas de patrimônio em Minas Gerais evocavam leituras eruditas devotadas em transformar a compreensão do passado fundador pátrio e de seus heróis, em um desafio político e intelectual que mobilizou homens como Diogo de Vasconcelos a estabelecer o valor dos monumentos e a legitimar ou rechaçar intervenções nos espaços públicos considerados fundamentais para o entendimento da história brasileira por meio de uma mobilização cívica e pedagógica por intermédio da imprensa. A ação essencial era criar um repertório confiável dos bens patrimoniais, e não deixar que se perdessem na memória coletiva as razões de sua preservação.

Neste ponto, é preciso lembrar que o uso do termo "monumento histórico", utilizado por Diogo de Vasconcelos na maior parte de seus discursos em defesa do patrimônio arquitetônico, e a acepção mais ampla dada ao termo *patrimônio* após os anos 1960 não permitem considerá-los como sinônimos, como demonstra Françoise Choay.[11] No entanto, ao inscrever suas preocupações com as tradições e as obras arquitetônicas menores ou vernaculares, pode-se perceber um caráter inovador nas ações preservacionistas de Vasconcelos.

As disputas pelo patrimônio a partir dos jornais

A análise da produção de Diogo de Vasconcelos antes de 1893 a partir dos jornais revela a predominância de alguns temas de seu interesse, como a relação Igreja–Estado ou a preocupação com a ameaça de mudança da Capital, sempre discutidos à luz de justificativas que se sustentavam nas tradições mineiras e na preservação do patrimônio. Citam-se como exemplo seu argumento eloquente para a preservação de Ouro Preto como Capital em sua fala ao governador como representante de uma "comissão não só do povo ouro-pretano, mas também dos vizinhos municípios", destacando que a cidade, "duas vezes secular,

---

[10] Sobre as definições correntes de patrimônio no período, aqui resumidas, cf.: POULOT, D. *Uma história do patrimônio no Ocidente*. São Paulo: Estação Liberdade, 2009, p. 16-17.

[11] CHOAY, F. *A alegoria do patrimônio*. São Paulo: Estação Liberdade; Ed. Unesp, 2001, p. 12.

e centro mais ilustre da civilização no interior do Brasil", era também "berço de nossa história, sacrário ainda vivo e o mais santo de nossas tradições", que "se perder seu diadema de capital, guardará, como tem até hoje guardado e nobremente defendido com honra e com dignidade, o seu diadema de glória".[12]

Desde 1870, Vasconcelos contribuiu com diversos periódicos, além de estruturar, ele mesmo, um jornal. Entre aqueles contemplados com suas contribuições regulares, vale destacar *A Província de Minas*, que se apresentava aos leitores como um órgão do Partido Conservador, voltado para a defesa do partido e da fé cristã. O jornal, de propriedade de José Pedro Xavier da Veiga, servia-lhe de "palanque" para a apresentação de suas ideias políticas, justificadas pelas tradições a serem preservadas como ancoragem possível em um tempo de mudanças e, especialmente, para a defesa de bens patrimoniais. Assim como *A Ordem*, nome que o periódico assume após a Proclamação da República.

Falar da produção jornalística do autor é falar, basicamente, da defesa das tradições mineiras como sustentáculo para a nacionalidade e, especialmente, como identidade regional mineira, fosse por meio de textos descritos pelo próprio autor, como "Folhetim", o caso de sua narrativa sobre a "Noite de Reis,[13] ou de temas caros a uma ação pedagógica como jornalista e patriota, como discutir o papel de Tiradentes na Inconfidência Mineira, em suas datas comemorativas.[14] Mesmo para temas considerados mais relevantes, como a Inconfidência, o autor não descartava o recurso a uma forma mais acessível de narrativa, na seção Literatura, como em *Um conto histórico*, no qual discorre sobre um dos prováveis locais de reunião dos inconfidentes, no pouso denominado

---

[12] VASCONCELOS, D. *A capital de Minas*. In: *A Ordem* – Edição: 84 – 13/12/1890. Disponível em: <http://www.siaapm.cultura.mg.gov.br/modules/jornaisdocs/photo.php?lid=122830. JM – 1242284>. Acesso em: 10 jan. 2011.

[13] VASCONCELOS, D. Folhetim – Noite de Reis. In: *A Província de Minas* – Edição: 194 – 31/01/1884. Disponível em: <http://www.siaapm.cultura.mg.gov.br/modules/jornaisdocs/photo.php?lid=14100>. JM-1243279. Acesso em: 10 jan. 2011.

[14] VASCONCELOS, D. Centenário de Tiradentes. In: *A Ordem* – Edição: 148 – 27/02/1892. Disponível em: <http://www.siaapm.cultura.mg.gov.br/modules/jornaisdocs/photo.php?lid=120431>. JM- 1242126. Acesso em: 10 jan. 2011.

"Varginha", no caminho para o Rio de Janeiro. A mobilização de figuras heroicas ou exemplares do passado também era cara à sua obra já nesse período, como foi o caso de seus textos sobre a morte de Francisco de Paula Amaral.[15] Isso exigia dele o recurso à própria memória, à memória de seus contemporâneos ou, ainda, às memórias publicadas, gênero narrativo bastante comum e valorado nessa fase de sua produção, como as publicadas pela *Revista do Instituto Histórico e Geográfico Brasileiro*, citadas por Vasconcelos em vários trechos de suas obras.

Vasconcelos buscava oferecer explicações etimológicas aos topônimos mineiros importantes para a historiografia. Esse seria o caso de seu texto, publicado originalmente em *A Folha Sabarense* e aqui citado a partir de sua transcrição na coluna Literatura d'*A Província de Minas*[16] sobre a origem do termo "Sabará".

A proximidade de Vasconcelos com Xavier da Veiga possibilitava acesso ilimitado às fontes que o amigo e interlocutor colecionava no primeiro piso de sua residência. Xavier da Veiga reunia jornais e publicações oriundas de várias partes da província desde, pelo menos, o início dos anos 1870. A partir dos anos de 1880, com o acirramento dos debates pela mudança da Capital, é possível dizer que Xavier da Veiga já amealhava volumes consideráveis de documentos públicos nas sedes das diversas repartições existentes em Ouro Preto, para garantir uma memória de Minas Gerais.[17] Com tal acesso privilegiado às fontes, em um momento em que Vasconcelos podia levá-las para casa e, assim, se deter com mais cuidado aos detalhes, levanta-se aqui a hipótese de que é possível compreender suas citações imprecisas dos documentos, por ainda estarem

---

[15] VASCONCELOS, D. Dr. Francisco de Paula Amaral. In: *A Ordem* – Edição: 144 – 02/02/1892. Disponível em: <http://www.siaapm.cultura.mg.gov.br/modules/jornaisdocs/photo.php?lid=120371>; <http://www.siaapm.cultura.mg.gov.br/modules/jornaisdocs/photo.php?lid=120372>. JM- 1242122. Acesso em: 10 jan. 2011.

[16] VASCONCELOS, D. Etymologia da palavra – Sabará. In: *A Província de Minas* – Edição: 341 – 03/06/1886. Disponível em: <http://www.siaapm.cultura.mg.gov.br/modules/jornaisdocs/photo.php?lid=23131>. JM- 1243388. Acesso em: 10 jan. 2011.

[17] Para mais dados sobre o trabalho desenvolvido por Xavier da Veiga à frente do APM, especialmente o primeiro capítulo, cf: PARRELA, Ivana D. *Entre arquivos, bibliotecas e museus: a construção do patrimônio documental para uma escrita da história da pátria mineira 1895-1937*, 2009. 415 fl. Tese (Doutorado em História), Faculdade de Filosofia e Ciências Humanas, Universidade Federal de Minas Gerais, 2009.

sem nenhuma notação de endereçamento que permitisse a seus leitores futuros recuperar sua trajetória de pesquisa ou, ao menos, localizar tais fontes. Tal problema de referenciação das fontes não era considerado o mais urgente pela dupla de amigos. Para os dois, urgia garantir as fontes e, ao mesmo tempo, usá-las em suas narrativas inaugurais sobre o passado mineiro.

Justamente no período de afastamento de Vasconcelos do Executivo de Ouro Preto, após o biênio 1892-1893, é que se acirram as críticas mais ferozes à mudança da Capital, escolhida em dezembro de 1893. No intervalo entre 1894 e 1904, Vasconcelos sistematiza a publicação de sua *História Antiga das Minas Gerais*, lançada em 1904.

A defesa do patrimônio a partir dos livros e dos espaços públicos devotados à história

O século XIX é sempre lembrado como o "Século da história". Mas em Minas Gerais foi essencialmente o "Século dos documentos", mais que qualquer outro momento. Consumada a decisão de mudar a Capital de Ouro Preto para Belo Horizonte, vários intelectuais ligados a José Pedro Xavier da Veiga apoiaram seu projeto de constituir um arquivo, que fosse público e mineiro. A ação de preservação do patrimônio mineiro, considerada emergencial nos anos em que Diogo de Vasconcelos, sistematizava suas pesquisas para a *História Antiga* e *História Média das Minas Gerais*, sustentava-se na preservação do patrimônio arquivístico.

O Arquivo Público Mineiro (APM), como instituição pública central do governo encarregada de preservar o patrimônio cultural do estado, não seria responsável apenas pelo patrimônio arquivístico, mas também pela formação de um núcleo para a constituição da Biblioteca Mineira e do Museu Mineiro, conforme orientava o instrumento legal de sua criação, em 1895, e de um espaço para a escrita da história mineira.[18] De outro lado, o Arquivo ainda contribuiria para a preservação

---

[18] Xavier da Veiga recebe a incumbência governamental não só de organizar o Arquivo, em 1895, mas também de escrever com exatidão e circunstanciado desenvolvimento as efemérides sociais e políticas do Estado, segundo o art. 8º da Lei 126, de 11 de julho de 1895, que criou a repartição. O mesmo texto ressalta o "reputado saber" do responsável pelos trabalhos e a existência de

dos monumentos edificados no período colonial, especialmente em Ouro Preto, já que a cidade permaneceria como sede do APM e como guardiã da memória do estado, conforme acordado nos debates parlamentares quando da criação do órgão. Ouro Preto seria preservada como "relíquia" e verdadeiro santuário da memória de Minas Gerais. As instituições culturais que abrigava acabariam por exigir dos mineiros verdadeiras peregrinações para conhecer o passado.[19]

Além de estruturar o primeiro órgão oficial devotado à preservação do patrimônio, a lei de criação do APM determinava ao primeiro diretor a obrigação de fornecer um norte historiográfico, por meio da publicação de efemérides e de uma cronologia da história de Minas Gerais. O empenho de Xavier da Veiga na escrita das *Efemérides Mineiras* não teria implicado descaso com a organização arquivística.[20] Ao contrário, contribuiu para a aceleração do processo de organização dos acervos que já se encontravam reunidos no Arquivo, em sua residência em Ouro Preto, e para a captação dos novos acervos que ainda estavam espalhados pelas repartições do estado e dos municípios. Isso deve ter facilitado enormemente as pesquisas de pesquisadores ligados a Xavier da Veiga, como Diogo de Vasconcelos.

As ações de organização do APM tomavam como referencial mais direto as propostas de organização e funcionamento do Instituto Histórico e Geográfico Brasileiro (IHGB), especialmente a partir de suas alterações, em 1851, no que tange a seus objetivos, propostas de constituição de acervo e montagem de sua estrutura.[21] Assim também, sua

---

pagamento pecuniário pelos serviços. As *Efemérides* seriam publicadas pela primeira vez em 1897, mas o trabalho, segundo seus biógrafos, teria consumido 18 anos de pesquisas.

[19] Discussões citadas a partir de: Senado, 30ª sessão ordinária a 1º de julho de 1895. *Minas Gerais*, sábado, 8 de junho de 1895, nº 153, ano 4, Ouro Preto. p. 3. Ciro Flávio B. de Melo também apresenta excelente discussão sobre o papel de Ouro Preto com relíquia. Cf.: MELO, C. F. C. B. *Pois tudo é assim... Educação política e trabalho em Minas Gerais (1889-1907)*. Belo Horizonte: UFMG/FAE, 1990. Dissertação (Mestrado em Educação) – Faculdade de Educação, Universidade Federal de Minas Gerais, Belo Horizonte, 1990.

[20] Cf. RELATÓRIO de Rodolpho Jacob a J. P. Xavier da Veiga, 04/05/1898. APM/ JXV, Cx 1, doc. 1. fl. 2.

[21] Análises feitas a partir das reflexões de: GUIMARÃES, Manoel L. S. Nação e Civilização nos trópicos: o Instituto Histórico e Geográfico Brasileiro e o projeto de uma história nacional. *Estudos Históricos*, Rio de Janeiro, n. 1, p. 16-20, 1988; GUIMARÃES, Manoel L. S.

proposta de escrita da história[22] em detrimento de outros arquivos que se organizavam no período em outros estados da Federação e, até mesmo, do Arquivo Nacional, antigo Arquivo do Império.[23]

Embora também pareçam claras as referenciações no estatuto do Arquivo Nacional de 1893 para questões arquivísticas, no que tange ao tratamento dos documentos, os mesmos textos revelam o quanto o Instituto Brasileiro soube amalgamar as experiências de instituições francesas congêneres ao buscar se tornar o centro de produção de uma história da pátria. Valendo-se da inspiração, o APM montou sua rede de correspondentes, manteve contatos regulares com outras instituições e criou rapidamente uma revista que publicava em larga medida documentos e/ou referências interessantes para a escrita da história mineira e ainda tornou-se um centro de referências estatísticas sobre o Estado.

Segundo os pressupostos teóricos e metodológicos do IHGB, que guiavam a organização do APM, as fontes documentais primárias eram entendidas como essenciais ao trabalho do historiador. Isso explica o empenho do Instituto em relação às atividades de aquisição e/ou transcrição de documentos considerados interessantes para a história do País – no caso mineiro, para a história regional.

O texto do regulamento do APM definia como sua missão o trato dos heróis da Pátria mineira, o que não caberia apenas a Xavier da Veiga, mas

---

Entre o amadorismo e o profissionalismo: as tensões da prática histórica no século XIX. *Topoi*, Rio de Janeiro, p. 184-200, 2002. Iremos nos valer destas referências ao tratar da dinâmica de funcionamento do APM mais adiante, já que o primeiro texto demonstrou a importância dos novos estatutos de 1851 no "processo de alargamento, consolidação e profissionalização do IHGB" (GUIMARÃES, 2002, p. 11).

[22] Consolidadas na proposta de Martius sobre como se deveria escrever a história do Brasil. Cf. *Revista do IHGB*, Rio de Janeiro, v. 6, n. 24, p. 381-403, jan. 1845.

[23] Para efetiva comparação, as atribuições do APM, apresentadas em seu regulamento, foram confrontadas com o trabalho de Célia Costa. A autora mostra em várias passagens que os organizadores dos acervos do Arquivo do Império e do IHGB agiam inspirados por uma mesma produção historiográfica, mas entendiam que o Arquivo e o Instituto tinham funções distintas em seu contexto: o Rio de Janeiro do século XIX. Em tese, caberia ao Instituto os documentos de caráter mais "histórico" e ao Arquivo, aqueles considerados mais "administrativos", embora em vários momentos tenha havido disputas por documentos. Cf.: COSTA, Célia Maria Leite. *Memória e administração: o Arquivo Público do Império e a consolidação do Estado brasileiro*. 1997. Tese (Doutorado em História Social) – Universidade Federal do Rio de Janeiro, Rio de Janeiro, 1997.

também às gerações vindouras, guiadas por suas escolhas documentais e orientações metodológicas, na medida em que podiam lançar mão dos documentos essenciais e, ainda, contar com seus ensinamentos para a escrita da história, por meio das *Efemérides*.

Diogo de Vasconcelos e Xavier da Veiga seguiam a metodologia do IHGB para a escrita de uma história-mestra da vida aplicada às necessidades mineiras, sintetizadas em um elenco de temas[24] e em suas *Efemérides*, com base na constituição do Arquivo e na escrita da *História das Minas Gerais*, de Vasconcelos, para a construção de uma *memória pública*.

Na gestão de Augusto de Lima à frente do APM, uma de suas primeiras ações seria transferir o Arquivo para a nova Capital. À primeira vista, isso escapava à visão compartilhada por aqueles que contribuíram para sua fundação. Para homens como Vasconcelos e Xavier da Veiga, a manutenção dos acervos em Ouro Preto exigiria uma verdadeira romaria daqueles que se devotavam às pesquisas sobre o passado mineiro.

Para além do empenho para recolher os acervos documentais, o novo diretor do Arquivo pretendia investir na consagração da instituição, o que a transformaria, formalmente, em lugar de consagração pela excelência. Esse critério de excelência[25] consistia na combinação dos

---

[24] Os "movimentos e cometimentos de grande alcance e grande repercussão histórica" destacado no livro de Xavier da Veiga eram essencialmente: a "guerra entre *emboabas e paulistas*, a mais longa e mais sangrenta luta ferida em nossa terra; a gloriosa revolta de Vila Rica de 1720, que teve em si mesma, e mais ainda no martírio de FELIPE DOS SANTOS, verdadeira consagração histórica; a Inconfidência, que é, sem dúvida, com o suplício do imortal TIRADENTES – que lhe foi a um tempo lúgubre epílogo e a sublime apoteose –, a página mais grandiosa e mais resplandecente, não só dos anais mineiros como fastos do Brasil; ainda a sedição militar de 1842 [...]. Ao que segue uma longa lista de nomes, destacados por suas áreas de atuação. Neste grupo, novamente, Tiradentes mereceria destaque em maiúsculas, por ser "precursor da liberdade [...] que soube viver e morrer pela pátria" (Os grifos são do autor). Cf. VEIGA, José Xavier da. *Efemérides Mineiras*. Belo Horizonte: Fundação João Pinheiro/Centro de Estudos Históricos e Culturais, 1998, p. 48-49; e ainda, Regulamento do APM de 1895.

[25] Para pensar no estabelecimento desta posição de definidor de um *critério de excelência*, que o APM ganharia, ou melhor, reforçaria, com a sua associação a um Instituto Histórico, baseamo-nos nas discussões análogas de: DUTRA, Eliana. *Rebeldes literários da República*: história e identidade nacional no Almanaque Garnier – 1903-1914. Belo Horizonte: Ed. UFMG, 2005, p. 34; GOMES, Ângela. *História e historiadores*: a política cultural do Estado

critérios consolidados no próprio APM, de legitimação de seus bens como patrimônio histórico. Isso implicava que sua preservação deveria ser garantida e articulada aos critérios de um novo Instituto Histórico e Geográfico para o estado.

Ao abrir o espaço do APM, já em Belo Horizonte, para os debates sobre a produção do conhecimento histórico, geográfico e estatístico, Lima iria retomar a ideia de criar um Instituto Histórico no estado, por ele defendida desde 1897. Somente em 1907 é que o Instituto é criado, com o apoio dos membros do Clube Floriano Peixoto, que eram, em sua maioria, também correspondentes do APM.[26] A primeira reunião ocorreu no plenário da Câmara dos Deputados, em cerimônia concorrida. As reuniões regulares ocorriam nos salões do Arquivo.

Desde as primeiras reuniões, Vasconcelos seguiria à frente do Instituto como seu orador oficial e perpétuo. Para o orador apaixonado, era com base na memória dos antepassados que se edificava a identidade do povo. Do exercício de olhar para o passado emergiam vozes e lembranças de tempos remotos, que davam ainda mais importância ao arquivo empoeirado, com seus monumentos arruinados e atas do passado. Nesse contexto, Minas Gerais teria saído duplamente na dianteira, merecendo o posto de guia dos demais estados federados no que tange à preservação patrimonial, por contar com o lastro de 200 anos de história e a criação do APM. Foram estes os alicerces fundamentais para a nacionalidade e um caminho que levaria o País à civilização.[27]

Feu de Carvalho, como diretor do Arquivo, travava boa parte de suas disputas com aqueles que considerava detratores da história, nas

---

Novo. Rio de Janeiro: Ed. FGV, 1996, p. 29-30 sobre o papel da Academia Brasileira de Letras, como espaço de consagração para os atores estudados pelas autoras.

[26] A ideia de criação do Instituto já vinha sendo proposta por Nelson de Senna desde 1896. Entre os fundadores constavam, além de Senna, Diogo de Vasconcelos, Júlio César Pinto Coelho, Carlos Otoni, Arthur Campos, Mendes Pimentel, Pandiá Calógeras e Carvalho de Brito, paraninfados pelo então governador João Pinheiro.

[27] Argumentos condensados aqui a partir de: VASCONCELOS, D. Discurso de inauguraçao do IHGMG. *Revista do Arquivo* Público *Mineiro*, Bello Horizonte, Imprensa Official de Minas Geraes, ano XIV, p. 211-220 (especialmente, p. 213-214, 1909). Para uma análise do discurso e sua transcrição, cf: SILVA, Rodrigo. M. da. Diogo de Vasconcelos e o IHGMG: os parâmetros para a história de Minas Gerais. *História da Historiografia*, Ouro Preto, n. 5, p. 247-254, set. 2010.

páginas do *Minas Gerais*, órgão oficial do estado, ou da *Revista do Arquivo Público Mineiro* (RAPM). Eram *locus* diferentes. Mesmo assim, o exagero em ambos acabaria por ferir as suas reputações. No caso de Feu de Carvalho, elas atingiam o próprio Arquivo por ele dirigido, pois, à medida que as acusações documentadas se tornavam mais raivosas, mais o Arquivo perdia espaço como lugar associado às descobertas de novas fontes para a pesquisa histórica ou como espaço de debates, que construiu até os anos 1920.

Essa condição de espaço privilegiado para o debate histórico era garantida especialmente pela figura dos correspondentes do Arquivo, que deveriam auxiliar na seleção e no envio de documentos históricos importantes sobre Minas Gerais em diversas áreas do conhecimento. De acordo com o regulamento da casa, a partir de nomes propostos pelo diretor, o presidente do estado nomearia até três correspondentes por município, até seis nos estados do Rio de Janeiro, São Paulo, Bahia e Espírito Santo, e até doze na Capital Federal. Nos mesmos termos e finalidades, poderiam ser designados até seis correspondentes em Portugal.[28] O ato de nomeação também conferia aos correspondentes a autoridade de definir a veracidade e a autenticidade dos documentos por eles selecionados.

Os correspondentes ajudariam na recuperação e salvaguarda da memória mineira, especialmente por meio da identificação, captação e encaminhamento de acervos de interesse para a repartição diretamente quando se tratava de autoridade constituída; por intermédio de uma autoridade de seu círculo, que poderia fazê-lo sem o pagamento prévio de porte; ou, ainda, de funcionário público que tivesse maior mobilidade, como os fiscais ou militares.

Marisa R. Silva discute o perfil dos 114 correspondentes nomeados por indicação de Xavier da Veiga. A partir de exaustivo levantamento, elaborou um quadro com a relação dos 53 correspondentes do APM, sobre os quais ela pôde precisar a identidade e discutir as suas atividades. Destes, 90% exerciam carreira política em diversas vertentes no estado. Eles faziam parte da elite política e intelectual mineira, muitos deles carregando sobrenomes bem tradicionais, mas tinham

---

[28] Cf. Regulamento do Arquivo Público Mineiro, DECRETO n. 860, art. 12º, §1º.

"pouca ou praticamente nenhuma dedicação à causa histórica".[29] Ela afirma ainda que, cruzando os nomes da lista de correspondentes com aqueles que realmente doaram documentos ao Arquivo, não constava nenhum registro de doação de documentos por parte dos políticos identificados.

Os correspondentes constituíam-se em importantes atores para a consecução dos objetivos de estruturar a repartição e de fortalecer sua Revista. No caso das figuras anônimas, identificadas aqui apenas como "colaboradores", muitas vezes, eles se desculpavam por mandar "papeizinhos" que não sabiam exatamente se serviriam à história de Minas e pediam ao diretor que, caso os julgassem sem valor, os queimassem ou atirassem no lixo. Essas escusas eram pedidas por vários homens de diversas partes do estado, especialmente das pequenas cidades. Em todos os casos localizados, a dúvida desses homens era saber se haviam compreendido bem o valor dos documentos que comprovavam a história de Minas. Nesse perfil de colaborador se incluem aqueles que participaram da rede de apoiadores e interlocutores do Arquivo, anônimos ou ilustres. No caso dos ilustres, a participação se dava por meio de doações esporádicas, do comparecimento às solenidades e do acompanhamento das atividades do Arquivo, quando emprestavam seu prestígio aos eventos e às propostas da instituição, como era o caso de políticos, como João Pinheiro, Francisco Sá e Raul Soares, ou de apoiadores ligados mais diretamente à área da História e da Arquivística, como Toledo Piza, diretor do Arquivo Público do Estado de São Paulo, e Escragnolle Doria, diretor do Arquivo Nacional.

As discussões de diretores e técnicos do Arquivo com os correspondentes – que, normalmente, eram também colaboradores do seu periódico – faziam do Arquivo um ponto de peregrinação daqueles que se dedicavam às pesquisas históricas, fossem eles nacionais ou estrangeiros. Em sua passagem pela cidade, mesmo quando não visitavam o Arquivo para pesquisas, os colaboradores faziam da casa, na gestão

---

[29] SILVA, M. R. O artífice da memória. *Revista do Arquivo Público Mineiro*, Belo Horizonte, ano XLIII, p. 78, n. 1, jan.-jul. 2007. Cf. também: SILVA, M. R. *História, Memória e Poder*: *Xavier da Veiga, o arconte do Arquivo Público Mineiro*. Belo Horizonte: UFMG, 2006. 158 fl. Dissertação (Mestrado em História) – Faculdade de Ciências Humanas e Sociais, Universidade Federal de Minas Gerais, 2006.

de Lima, situada na Rua da Bahia, um ponto de encontro e de debates. Jovens iniciantes, como Eduardo Frieiro, diziam passar por um café para ver os amigos e saber das últimas no APM. Pesquisadores como Afonso Taunay e Capistrano de Abreu, além das visitas motivadas pelas pesquisas, diziam se esforçar para uma ida ao Arquivo quando conversavam com os colegas da casa em suas viagens. Nessas ocasiões, acabavam por se tornar responsáveis pela constituição de grandes rodas em volta das visitas.

Esse grupo, em sua maioria, era formado por correspondentes antigos do Arquivo. No entanto, dos nomes citados de maneira recorrente não fazia parte do grupo que apoiava diretamente o APM, como correspondente, Diogo de Vasconcelos, amigo de Xavier da Veiga e próximo a Augusto de Lima.

Em 1896, em carta a Xavier da Veiga, Vasconcelos começava por dizer que muito havia apreciado a *Revista*, recém-lançada, "já dela me aproveitei, corrigindo uns erros em que me achava". Este exemplo aponta um dos principais motivos para as críticas que recebia: o não fornecimento de referências das suas fontes, o uso de outros autores tidos como "mitificadores" por seus detratores, como Feu de Carvalho,[30] e a inexatidão de suas citações.

Apesar das muitas críticas, várias delas tecidas pelos próprios nomes à frente do APM, Vasconcelos não deixou de doar acervos considerados de grande valor para a instituição. No mesmo documento citado[31], segue afirmando:

> [...] não tenho muito que dar ao Arquivo. Os papéis que tenho são quase todos de família. Em seguida, diz que aproveitava a correspondência para encaminhar a oferta de dois livros raros: [...] um é o espelho da época de Portugal, onde podemos colher o que era então o mundo. Outro contém esparsas as informações que habilitam reconstituir-se a ideia de organização do Reino.

---

[30] Eduardo Frieiro, no artigo "Recordando Feu de Carvalho", publicado no *Estado de Minas* um mês após a morte do amigo, em setembro de 1946, afirmava que ele havia se tornado temido por ter revisto Xavier da Veiga e Diogo de Vasconcelos. Cf. Arquivo Pessoal Teophilo Feu de Carvalho, Pasta 16. Esta pasta intitula-se "Críticas aos trabalhos de Feu de Carvalho" e guarda vários artigos incompletos sobre os seus trabalhos ou sem referências precisas, como é o caso deste, s/d, colecionado pela família.

[31] FRIEIRO, 1946, grifo nosso.

> Por essas relações históricas não me parecem indignas de um lugar no Arquivo.

Ao falar dos documentos por ele guardados, evoca questões fundamentais ao perfil desses homens, como o fato de pertencerem a uma das famílias com larga tradição na política e na vida administrativa de Minas Gerais e de, desse lugar, conseguirem privatizar vários documentos para construir uma narrativa histórica e para justificar algumas de suas decisões.

Na carta, ele fala ainda do envio de material sobre o "Áureo Trono Episcopal", que deveria encaminhar ao APM, com uma condição: que Xavier da Veiga os recebesse e os oferecesse ao APM em seu próprio nome, como se fosse o dono. Dizia querer que assim fosse para que ficasse claro que "[...] sem prejudicar o destino, que a V. Ex.ª agrada, e faz honra em servir, sirvo eu ao que mais tenho em vista: <u>significar a V. Ex.ª o apreço, bem que humildemente reconheça não ser de grande utilidade, à sua pessoa</u>".[32]

Essa correspondência ilustra bem o peso das relações pessoais não apenas para a constituição dessa teia de relacionamentos, mas também para a captação de acervos e a definição de bens como monumentos. A essa altura, já é possível, partindo de suas realidades, como sugere Lessa[33], comparar algumas de suas preocupações com a construção de uma memória pública.

Mesmo a postura rígida e extremamente crítica de Feu de Carvalho à frente do APM não o distanciou de Vasconcelos. Feu costumava dizer que, sobre seus trabalhos, gostava de repetir Capistrano quando interpelado sobre o autor: "Nada poderia dizer, visto como Diogo de Vasconcelos não citava as fontes de seus escritos".[34] Era inegável a repercussão que sua *História das Minas Gerais*, publicada em 1901 e reeditada, revista e

---

[32] CORRESPONDÊNCIA de Diogo Vasconcelos a JXV, 25/05/1896. APM/JXV, Cx. 2, doc. 10. A data do documento remete às dissonâncias das ideias de Vasconcelos com a República naquele período (grifos nossos).

[33] LESSA, R. *A invenção republicana*. São Paulo: Vértice, 1987.

[34] Cf. *Contribuição para o estudo da obra do Aleijadinho*, APM/Arquivo Feu de Carvalho, Pasta 04. Versão datilografada e anotada pelo autor. Esse texto foi produzido para publicação na *Revista do SPHAN*; o artigo critica duramente o artigo de Rodrigo Melo Franco de Andrade na *Revista do Serviço de Patrimônio Histórico e Artístico Nacional*, n. 2, de 1938.

ampliada, em 1904, já havia alcançado àquela altura.³⁵ Mesmo assim, não foi possível localizar nenhum documento que comprovasse sua entrada no rol dos correspondentes. Marisa R. Silva (2006, 2007) também não o localizou em seus levantamentos.

Em agosto de 1919, Vasconcelos escrevia a Feu de Carvalho, do Rio de Janeiro, solicitando que lhe enviasse documentos relativos aos limites de Minas com a Bahia com certa urgência, sendo prontamente atendido por Feu de Carvalho.³⁶

Tal postura pode ser compreendida se se toma como contraponto o papel da literatura como eixo congregador, quase exclusivo, das atividades intelectuais da Primeira República e o peso que a escrita literária assumia no trabalho desses homens, a ponto de ser reconhecida por seus pares quase como um "vício" de linguagem. Eram três as formas culturais que competiam entre si para a geração de Vasconcelos: jornalismo, ciência e literatura. Entre elas, a literatura gozava de prestígio ímpar neste período, tornando-se quase sinônimo de cultura, como demonstra Nicolau Sevcenko.³⁷ E, como mostrado nas breves descrições dos perfis dos outros atores aqui citados, quase todos já possuíam a chancela intelectual do jornalismo antes de se lançarem ao trabalho de construção das instituições culturais e da escrita da história.

Ao longo de suas carreiras, não se percebe um único eixo norteador para as ações culturais desenvolvidas por esses atores. Ora eles agem procurando vinculação com a ação do estado para justificar a existência de uma instituição, ora justificam que a sobrevivência das instituições se dá por meio do reconhecimento desses atores como autores da produção historiográfica sobre a Pátria mineira e do valor pragmático de suas obras para justificar as ações do estado, como parte de seus deveres de memória. Em nenhum momento fica bem definido, nos anos da Primeira República, o que é específico de cada uma das instituições que

---

³⁵ Cf. "Reedição de Diogo de Vasconcelos", de Francisco Iglésias, e "Introdução à 2ª Edição", de Basílio de Magalhães. In: VASCONCELOS, D. de. *História Antiga das Minas Gerais*. 3. ed. Belo Horizonte: Itatiaia, 1999, p. 11-35.

³⁶ CF. CORRESPONDÊNCIA de Vasconcelos a Feu de Carvalho, 06/08/1919. APM/Arquivo Feu de Carvalho; CORRESPONDÊNCIA de Feu de Carvalho a Vasconcelos 11/08/1919. APM/Arquivo Feu de Carvalho.

³⁷ SEVCENKO, *Literatura como missão*. São Paulo: Brasiliense, 1983, p. 226.

esses homens organizavam e tampouco transparece uma preocupação em fazer essa distinção, como no caso de Minas Gerais.

Em relação aos correspondentes e colaboradores, os perfis eram muito distintos. O grupo incluía desde as figuras eminentes do cenário cultural no período, como Capistrano de Abreu e José Veríssimo, até o político dos rincões do estado sem experiências na lida de pesquisa, mas seduzido pela ideia de participar da construção da identidade mineira com seus contributos. Entre os colaboradores, incluem-se também desde o pequeno doador do interior, sem vínculos com as instituições, até os políticos influentes e dedicados às pesquisas, como Afonso Arinos e Pandiá Calógeras, que lamentavam não poder acompanhar de perto as discussões sobre a história que se desenrolavam no Arquivo.

Nos primeiros anos republicanos, antes da criação do APM e de sua revista, o periódico oficial do estado, o *Minas Gerais*, também publicava notas com certa constância sobre a memória do estado. Após a criação da RAPM, o *Minas Gerais* continuou a ser um importante veículo auxiliar das ações do Arquivo em prol da escrita de um história mineira, ao divulgar as beneméritas ações daqueles que colaboravam com a instituição e ao constituir-se em espaço de difusão de textos mais didáticos, como os publicados por Feu de Carvalho, o que demonstra o trânsito destas narrativas por outras vias de comunicação oficiais do estado.

O temário e a periodização a serem seguidos por esses atores envolvidos com a escrita da história mineira e a organização de suas instituições podem ser encontrados, como em um plano de trabalho no APM, em seu Regulamento e na Lei de criação, e no sumário da *História das Minas,* de Vasconcelos. Esta instituição, além de ser o principal cenário para a reunião dos homens e das fontes para a pesquisa, era a matriz para uma escrita da história e de uma concepção da organização de instituições de patrimônio em Minas Gerais. Além disso, o temário também foi apresentado como linha-mestra no Prefácio das *Efemérides Mineiras,* de Xavier da Veiga (1998), obra do fundador do Arquivo, que se apresentava como um bom exercício de como as orientações da história metódica podiam ser exemplarmente seguidas, de forma simples e pedagógica, em relação à educação nacional. Ao mesmo tempo, as *Efemérides Mineiras* podem ser lidas como um guia que, atrelado ao temário e à periodização essencial, orienta a organização do APM. De modo similar, ou melhor, de maneira orquestrada, os temas e a periodização são apresentados como a linha editorial da RAPM, nas "Palavras Preliminares", em seu primeiro número, em 1896.

Ao longo de todo o período abordado, foi grande o investimento na escrita de memórias locais por uma verdadeira legião de protetores do patrimônio, ligados ou não ao APM, seduzidos pela ideia de participar da construção da história-mestra para a educação do estado e, ao mesmo tempo, de inserir a sua história, a de seu lugar de origem – normalmente, seu lugar de mando político – em parte desse enredo. Várias dessas narrativas seriam publicadas pela RAPM, que se tornou o espaço de consagração de seus correspondentes, por meio da difusão destes trabalhos. Com isso, a *Revista* era o espaço privilegiado para se mensurar e analisar, no período estudado, o alcance das propostas que o APM construía, paralelamente, ao trabalho de Vasconcelos.

A RAPM constituía também diferencial em relação aos demais periódicos de arquivos do período, dando grande ênfase à publicação de seus instrumentos de pesquisa, indexando seus próprios artigos e indo além da simples publicação de documentos e de textos históricos e de instrumentos para se chegar aos documentos do Arquivo.

O APM também soube se articular como espaço de consagração ao abrigar reuniões e conferências em seus salões e publicar, nas páginas de sua revista, a produção dos seus intelectuais. Seguia, assim, caminho distinto das instituições congêneres, como o Arquivo Nacional e o IHGB, que, desde seus momentos de criação e ao longo do século XIX, mais disputavam acervos do que se uniam para preservá-los.

Ao longo do período analisado, após o falecimento de Xavier da Veiga, os discursos em relação às fontes a serem recolhidas e às necessidades de pesquisa também mudam. Aliás, mudam sempre, não só porque cada ator que dirigiu a casa trouxe consigo seus interesses de pesquisa e sua rede de interlocutores, como também porque já não seria tão fácil promover grandes recolhimentos como nos cinco primeiros anos, quando o envio dos documentos ao Arquivo foi impulsionado pela própria mudança da Capital.

Ao mesmo tempo, cresceu o espaço no Arquivo para suas preciosidades, muitas delas sob a guarda do *cimeliarchum* da casa, ou a sua "arca de sigilo",[38] como dizia a legislação de criação do APM. Esse espaço agregava tesouros de difícil dimensionamento. Alguns chegavam ali pela importância de seus doadores, como era o caso das doações de Vasconcelos, que ocupavam o armário 1, em 1926, na sala do diretor; outros, por seu peso para a escrita da história; e outros, ainda, porque não se tinha muita clareza se caberiam ao Museu, ao Arquivo ou à Biblioteca futuramente.

As transformações trazidas pelas discussões de Vasconcelos e seus pares salientaram o papel das instituições culturais na construção do Estado republicano, com atenção ao significado dos documentos, tanto para definir a escrita de uma história para e sobre a Pátria mineira como para apoiar uma administração eficiente no novo sistema de governo, especialmente ao favorecer a instrução pública neste aspecto patriótico.

Conclusão

No início do capítulo, uma das questões fundamentais deste texto era exatamente explicitar como Vasconcelos e seus interlocutores, envolvidos na definição do patrimônio histórico a ser preservado, foram capazes de aproveitar um momento político extremamente favorável à discussão sobre o valor dos bens patrimoniais, a ponto de transformar o Arquivo e seu acervo em metáfora para a grandeza e a síntese da Pátria mineira, em uma situação única no País, já que nenhum outro arquivo estadual conseguiu alcançar tamanho reconhecimento no período. Por conseguinte, em fins da década de 1930, esses acervos deixam de merecer a atenção do Poder Público justamente pela compreensão de outros atores de que as representações monumentais em "pedra e cal" acompanhadas dos acervos museológicos, em espaços como o Museu da Inconfidência, eram mais pedagógicas para a instrução dos brasileiros, em um novo contexto de discussão de centralização do discurso sobre o patrimônio na esfera federal.

Dessa maneira, a constituição do APM, considerando seu peso como instituição de guarda de acervos arquivísticos, bibliográficos e, mesmo, museológicos, não pode ser compreendida sem levar em conta a situação

---

[38] Cf. Catálogo do *Cimeliarchum* de 1926. Arquivo do APM, Cx. 4.

excepcional vivida pelo estado de Minas de Gerais com a construção de uma nova Capital. Nos anos de criação e de instalação do Arquivo, a ação de recolhimento e organização do seu acervo não pode ser tributada apenas a seus organizadores diretos, mas também a um grupo de intelectuais articulados em torno da causa preservacionista, que teve em Vasconcelos um de seus maiores defensores, mesmo sendo ele um antimudancista ferrenho.

A preocupação com o patrimônio ensejou a mescla de metodologias e discussões sobre a guarda de acervos e a escrita da história, tornando esses debates indissociáveis, como comprovam os exemplos citados. Isso fez com que o APM se preocupasse tanto com a guarda de documentos que garantissem apoio à administração quanto com o valor de prova desses conjuntos documentais para a escrita de uma história digna da Pátria mineira e, ao mesmo tempo, um fórum privilegiado para o debate sobre a preservação de bens edificados e tradições, fosse pelas páginas de sua revista ou em seus salões.

Uma das primeiras hipóteses aqui levantadas era a de que, quando do nascimento da República, esses sujeitos envolvidos com a criação de uma política pública de patrimônio não optaram por criar institutos históricos ou museus, mas arquivos. Tal opção por espaços públicos de guarda em detrimento da opção que permitia congregar aqueles que se dedicariam mais à escrita da história, como os institutos históricos, deve ser entendida como uma escolha que valorizava a história como mestra, não só para a vida, mas também para o trabalho destes como administradores públicos e políticos, função pragmática da história.

Infelizmente, não se dispõe de documentos substanciais sobre os primeiros anos do IHGMG, justamente aqueles em que Vasconcelos orquestrou seus trabalhos ou, ainda, o arquivo pessoal do homenageado nesta obra. No entanto, parece um dado revelador o fato de o IHGMG ter entrado em uma fase pouco produtiva no fim da vida de Vasconcelos e em uma nova fase somente nos anos após sua morte. No APM, o ano de sua morte também corresponde ao período de interrupção no registro sistemático de doações de acervos[39] e encerra uma fase dos ciclos de sua revista.

---

[39] LIVRO destinado ao registro das ofertas de documentos, livros e objetos feitas ao Arquivo Público Mineiro – 24/08/1895 a 31/01/1901; 01/1927 a 08/1930. Cx. 10.

No Arquivo, naqueles anos em que a instituição funcionou como uma verdadeira diretoria de patrimônio mineira nenhum santo entrou na lista de doações; apenas uma imagem do menino Jesus, em meio a tantos bens. Aos santos, os altares; e aos homens, como Diogo de Vasconcelos, cabia guardar o patrimônio mineiro contra a gana dos mascates inescrupulosos, que vinham se aproveitar da boa hospitalidade mineira e levar as nossas riquezas, conforme lembra Aníbal Mattos nas páginas de apresentação de *Arte de Ouro Preto*.[40]

---

[40] MATTOS, A. Apresentação. VASCONCELOS, D. *A Arte de Ouro Preto*. Belo Horizonte: Academia Mineira de Letras, 1934.

Diogo de Vasconcelos e os demônios

Marco Antonio Silveira[1]

Retratos

> Para negócios, o Bispo os recebia na sala particular do expediente, mas, por visita de homenagem ou em comissões, eram recebidos na sala do dossel, sala que ainda hoje dá gosto aos olhos com seus móveis antigos suntuosos, cadeiras de espaldar, forradas de damasco vermelho, paredes de friso, *tendo em série os retratos de todos os bispos, à direita de quem entra*, e, à esquerda, os dos antigos Reis e Imperadores.[2]

A descrição acima, atinente ao interior do palácio que, desde o século XVIII, abrigou inúmeros prelados responsáveis pela Igreja mineira, chama a atenção do leitor da *História do Bispado de Mariana*[3] para o fato de que seu autor não se limitou a manejar documentos escritos, abrindo-se, também, especialmente na primeira década de 1900, à observação e à análise de fontes outras relacionadas à arte, ao patrimônio e à cultura material. A citação de Diogo de Vasconcelos, porém, indica ainda o cerne

---

[1] Agradeço vivamente à historiadora Natiele Rosa de Oliveira por ter efetuado a transcrição de importantes documentos depositados no Arquivo Eclesiástico da Arquidiocese de Mariana (AEAM).

[2] VASCONCELOS, Diogo de. *História do Bispado de Mariana*. Belo Horizonte: Edições Apolo, 1935, p. 85, grifo nosso (Coleção Biblioteca Mineira de Cultura, sob a direção de Aníbal Matos). Edição revista e atualizada, coordenada por Francisco Eduardo de Andrade e Mariza Guerra de Andrade: VASCONCELOS, Diogo de. *História da Civilização Mineira: Bispado de Mariana*. Belo Horizonte: Autêntica, 2014 (Coleção Historiografia de Minas Gerais, Série Alfarrábios).

[3] VASCONCELOS, 1935.

do método que utilizou para escrever a trajetória do bispado marianense, base, decerto, de tudo quanto elaborou: o retrato. Não seria exagerado dizer que, tendo sido formado em meio às lições de retórica ensinadas no seminário de sua terra natal, o doutor Diogo aproveitou-se largamente do princípio do *ut pictura poesis*. Se assim como a pintura é a poesia, ou se a poesia é a pintura que fala, não surpreende que a narrativa do importante historiador mineiro tenha disposto os bispos de Mariana por uma centena de páginas, cuja extensão, no fundo, não diferia daquela que cobria a parede de friso na qual se encontravam seus retratos. Na *História do Bispado*, os nove prelados que, de uma forma ou de outra, organizaram a Igreja em Minas até 1912, mesmo antes da criação de prelazia própria em 1745, constituem o fio condutor do enredo – frei João da Cruz, frei Antônio do Desterro, dom Manuel da Cruz, frei Domingos da Encarnação Pontevel, frei Cipriano de São José, frei José da Santíssima Trindade, dom Antônio Ferreira Viçoso, dom Antônio Maria de Sá e Benevides e dom Silvério Gomes Pimenta.

Vasconcelos, a esse respeito, tratou os quadros pictóricos de três maneiras: ele os complementou, analisou-os como fonte, e os utilizou como metáfora. No primeiro caso, por meio do ato de retratar, partia da observação de imagens para complementá-las com informações retiradas de documentos escritos, "tradições auriculares" e estratégias retóricas. Nessa empreitada, como denotam os nomes e a distribuição das 25 seções dos seis capítulos do livro, é a partir do retrato dos bispos que se elabora alguma história do bispado. No segundo caso, o historiador, através de exercícios iconográficos, buscava traçar as dores do longo período definido pela formação de uma sociedade. Traçando o perfil de frei Domingos, por exemplo, o doutor Diogo prostrou-se diante de seu quadro, visando descobrir algo oculto à primeira vista:

> Contemplando-se o seu retrato, sente-se o tom de melancolia que se exalava de sua alma. Um quê de pensativo está no seu olhar; e o modo de fechar os lábios parece consequente ao cálice da amargura. Tanto esforço mal correspondido, tanto sacrifício inútil! Poder que não conseguiu o bem que desejava fazer: eis o que nos revela no silêncio e frieza de um quadro o semblante de Frei Domingos.[4]

---

[4] VASCONCELOS, 1935, p. 79. No original, encontra-se a expressão "um quer de pensativo".

Por fim, o terceiro tipo de tratamento aplicado às pinturas implica um exercício de tradução. Consciente de que ver não é o mesmo que ler, Diogo de Vasconcelos transformava seu texto em pintura falada. Embora as palavras estejam aquém da multiplicidade de tons e cores percebidos pelos olhos, elas não são, todavia, impotentes. Nesse sentido, a *História do Bispado de Mariana* se tornou um arsenal de recursos encomiásticos e imaginativos. Dom Manuel da Cruz, o primeiro bispo da recém-criada diocese, foi "um piloto enfim capaz de guiar a barca em tão tempestuoso lago"; sendo "um santo", "de boa fé excessiva", suas pastorais "retratam uma alma cândida e amorosa, bem diversa da figura que lhe quiseram emprestar desafeiçoados informantes".[5] Tomado pela malária, contraída ao atravessar o sertão que o conduziu do Maranhão a Minas, dela sucumbiu: "O Bispo foi definhando de forças a olhos vistos, e como não devia morrer senão pelo órgão mais nobre de sua vida, o que mais sofreu, foi o coração que o entregou, como santo, visto tê-lo recebido como anjo".[6]

Dom Manuel, assim como frei Domingos, foi "uma vítima".[7] Em relação ao último, embora alvo de "tanto ódio", pois "certos capitulares meditaram contra a sua vida em dias de uma Semana Santa", há de se registrar que a parte "mais comovente de sua memória consiste na caridade, sobretudo para com as crianças e menores órfãos desvalidos".[8] Frei Cipriano, o terceiro prelado marianense, era "um frade feio, gordo e já idoso, mas, sobretudo, austero"; "impunha-se ao respeito, mas também ao despeito, porque não tinha meias palavras para fustigar os vícios e maus costumes sem pôr em reserva a corrupção da Corte". Com "prudência", "firmeza de ânimo" e "poder absoluto", almejava a "reformação da Igreja"; "homem austero, grave, imperioso, era sem embargo todo mansidão e candura com os pequenos e humildes."[9] Frei José, envolvido no difícil contexto da Independência, foi a "antítese de seu antecessor"; "de pequena estatura, magro

---

[5] VASCONCELOS, 1935, p. 49, 60 e 73.
[6] VASCONCELOS, 1935, p. 76.
[7] VASCONCELOS, 1935, p. 79.
[8] VASCONCELOS, 1935, p. 79 e 80.
[9] VASCONCELOS, 1935, p. 83, 84 e 85.

e de gênio brandíssimo", fez-se "anjo humanado". Porém, "sorveu até as fezes o seu cálice de amargura."[10]

Dom Viçoso, de sua parte, deu início à "série dos Bispos notáveis que ilustraram o segundo reinado". O "eremita da Cartuxa" era "modelo dos maiores santos", sendo "cauto e muito perspicaz para não dar golpes sem preparar os ânimos". Além da "pura alma de asceta", tornou-se "ministro incansável da caridade" e "bem-sucedido civilizador de Minas".[11] Dom Benevides, por seu turno, contrastava com a severidade da gente de Mariana por ter sido educado na Corte e ser "homem de fino trato, urbaníssimo". Amante da música, escandalizava "aqueles que seriam capazes de suprimir do Evangelho a presença de Nosso Senhor em noivados e banquetes". Mas era de "vida puríssima, singelo nos modos, afabilíssimo e humilde sem afetação"; mantinha com os governos a "etiqueta das tradições", não exigindo, porém, "cerimônias no seu trato particular".[12] Assim como frei José, em 1835, fora sepultado no mesmo carneiro de dom Manuel, em 1896 dom Benevides ocupou a campa de frei Cipriano. Assim, "Se este Bispo, diz um escritor, foi tão humilde e sincero como Benevides, aquele carneiro encerra de fato um tesouro de sublimes virtudes".[13] Enfim, o "poliglota" dom Silvério, se "iguala em virtudes a seus piedosos predecessores, a todos tem excedido em diligência apostólica, e sobretudo no saber e na vasta erudição de que dispõe".[14]

Julgar e decidir

Que o doutor Diogo tenha se valido do gênero epidítico com o intuito de realizar o encômio dos prelados marianenses não é algo que se deva estranhar, dada a sua declarada inserção nos círculos católicos e no trabalho de glorificação da terra pátria. Quanto a isso, não seria, evidentemente, o único. Mais relevante é a hipótese de que sua narrativa sobre o Bispado de Mariana não pode ser encaixada em gênero discursivo apartado da história. As próprias lições de retórica e a tradição da *historia*

---

[10] VASCONCELOS, 1935, p. 87.
[11] VASCONCELOS, 1935, p. 91, 92, 100, 103 e 106.
[12] VASCONCELOS, 1935, p. 106 e 108.
[13] VASCONCELOS, 1935, p. 88 e 109.
[14] VASCONCELOS, 1935, p. 111.

magistra vitae certamente sugeriam a Vasconcelos uma aproximação com o discurso historiográfico. Se desejava "deixar perpetuado nestas páginas" os que, como os beneméritos auxiliares de dom Benevides, assim o mereciam, não deixou de vincular sua tarefa ao dever de julgar.[15] Nesses termos, como ressaltou na descrição sobre dom Viçoso, anteriormente biografado por dom Silvério, o ato de retratar não excluía a busca da prova tão comum ao gênero judiciário:

> Em relação, pois, ao Episcopado de dom Viçoso, já nada ou pouco teríamos a dizer, e tudo ou muito vamos apenas repetir, divergindo tão somente sob o ponto de vista pessoal em apreciação que a história tem de alargar e julgar sobre margens do quadro biográfico. É assim que não dispensaremos ver certos elementos que contribuíram para a glória de dom Viçoso, se é certo que toda a glória de um artista assenta em criar de matéria tosca as figuras divinas do pensamento a que serve.[16]

Esse ponto de contato entre a glória e o julgamento aparece também na avaliação que Diogo de Vasconcelos faz de dom Manuel da Cruz, que, ao lado de dom Viçoso e de dom Silvério, seu contemporâneo e amigo, teria consistido num marco da evangelização de Minas. Segundo o historiador, só após a morte de dom Manuel, vítima de detratores, "começaram a surgir para a justiça da história os primeiros raios da gloriosa imortalidade de nosso primeiro Bispo".[17] Para além das personagens religiosas, o historiador mineiro, reverberando o juízo favorável que, na *História Antiga de Minas Gerais*, conferiu ao governador dom Pedro de Almeida Portugal na contenção da Revolta de 1720, ressaltou o mesmo ponto de vista:

> Entretanto, quem deu com o remédio único, senão para uma completa regeneração, ao menos para atenuar o mal da indisciplina, foi, como se devia esperar, o Conde d'Assumar, homem de vistas seguras e braço firme, propondo a criação de um Bispado em Minas e outro em São Paulo para evitar, dizia, "a grande dissolução e distraimento dos eclesiásticos".[18]

---

[15] VASCONCELOS, 1935, p. 109.
[16] VASCONCELOS, 1935, p. 92.
[17] VASCONCELOS, 1935, p. 73.
[18] VASCONCELOS, 1935, p. 24.

Contudo, o resgate da imortalidade junto aos tribunais da justiça do tempo não explica, por si só, a concepção de história do doutor Diogo, e muito menos de que maneira um livro tão marcadamente encomiástico, como é o que versa sobre o Bispado de Mariana, coadunava-se, segundo sua própria perspectiva, à verdade histórica ensinada pela erudição. Não por acaso, comentando sobre a condição financeira do Santuário de Congonhas em 1827, o autor recorreu a um inventário judicial para fundamentar sua análise, ressaltando peremptoriamente: "Sem base, não se proferem sentenças".[19] A compreensão do viés adotado por Vasconcelos passa, na verdade, pela percepção de que retórica, história e erudição articulavam-se, ou melhor, ajustavam-se por um princípio ao mesmo tempo filosófico e teológico. A investigação do passado revelava ao doutor Diogo a dinâmica conturbada da formação social em Minas, cujo cerne estava na vitória dolorida e progressiva do amor sobre o ódio. Nesse sentido, escrever a história implicava não apenas relatar os fatos em seu movimento, mas também tomar uma posição clara em prol da civilização. Assim como cada bispo descrito lutara a batalha da sublimação, cabia ao historiador travá-la também através do encômio. Por isso, poesia e história podiam e deviam coexistir. Se o discurso historiográfico se forjava como poesia através da retórica, tornando-se pintura falada, tal operação não negava a verdade histórica:

> Mas a verdade histórica nos põe diante da pobreza e da miséria, da barbaria e da imoralidade, quando para aqui veio dom Manuel encetar o seu trabalho apostólico, ajudado por poucos e obstado por muitos de quantos devia esperar o concurso.[20]

A conjugação que o historiador mineiro procurou estabelecer entre tais elementos discursivos e analíticos é claramente expressa nos primeiros parágrafos de seu estudo sobre *A Arte em Ouro Preto*,[21] exposto por ocasião do bicentenário da fundação da antiga capital mineira. Explicando o caráter do trabalho, o doutor Diogo afirmou que o aceitara porque não se tratava de um "julgamento", mas sim do "inventário

---

[19] VASCONCELOS, 1935, p. 121.
[20] VASCONCELOS, 1935, p. 92.
[21] VASCONCELOS, Diogo de. *A Arte em Ouro Preto*. Belo Horizonte: Edições da Academia Mineira de Letras, 1934.

puramente descritivo das obras de arte". Como era momento de "festa", não ignorava que ela almejava a "glorificação do passado". Por essa razão, nada excluiria, pois "eis que por todo o sempre em objetos, nem por vezes grandiosos, é que se fixam os marcos iniciais de toda civilização".[22] Aliviado, portanto, do peso incômodo de ter de negar a verdade histórica e identificar falsamente a nascente expressão local com a grandeza adquirida pela arte nos cumes civilizatórios, Vasconcelos circunscreveu o espaço do encômio: glorificar o passado era parte da própria formação de uma sociedade que desejava ser civilizada.

Uma vez que o trabalho de dom Manuel da Cruz e sucessores era o seu próprio, a concepção de história de Diogo de Vasconcelos tinha um sentido fortemente político, expresso na vigorosa atuação que empreendeu em favor da Igreja em casos tais como os da Questão Religiosa, da defesa do Partido Católico ou do combate ao casamento civil. Dessa maneira, se sua história, ao ampliar o escopo do retrato e da biografia, articulava-se ao gênero epidítico, e se, cotejando documentos e reconstituindo provas, abraçava o gênero judiciário, o fato é que, imersa na luta pela defesa do catolicismo, propunha-se, também, como o gênero deliberativo, mobilizar o leitor e o público em prol da tomada da decisão certa. Não à toa, a *História do Bispado* e a *Arte em Ouro Preto* são textos que, em grande medida, podiam ser lidos ou ouvidos, escritos ou proferidos. Que se imagine o doutor Diogo em praça pública, pregando em defesa do ensino religioso:

> Entretanto, se o ensino do Estado é positivista, o que vale dizer-se ateu, um gravíssimo inconveniente aí surge, visto como os Bispos não podem custear fábricas de materialismo; e [se] duas correntes de educação têm de formar-se, temíveis consequências para a unidade espiritual da nação, ponto de que esta, se fosse prudente, não deveria tirar os olhos, pois bem sabido é quanto lhe custou amalgamar os fatores étnicos e consolidar o território, obra incontestável do catolicismo.[23]

Sendo assim, a história de Diogo de Vasconcelos é retoricamente completa: ela glorifica, julga e mobiliza. Num período em que as

---

[22] VASCONCELOS, 1934, p. 17.
[23] VASCONCELOS, 1935, p. 96.

concepções românticas acusavam os retores de subjugarem a autenticidade do espírito, o historiador mineiro não se furtou a modular o tom de seu discurso de acordo com os antigos preceitos. Nada mais adequado, aliás, do que o uso de tom tão agudo, pois eram muitos os demônios a serem conjurados.

Mas, como se disse antes, as operações historiográficas de Vasconcelos tinham de apresentar aos tribunais os elementos decisivos de prova. Por isso mesmo, a leitura da *História do Bispado* indigita fontes inúmeras e variadas. Antes de tudo, para além da tradição oral, os manuscritos e impressos antigos, entre os quais se destacam as *Constituições do Arcebispado da Bahia*, a *Instrução* de Teixeira Coelho, as devassas episcopais, as memórias referentes à viagem de dom Manuel da Cruz, o *Triunfo Eucarístico*, as *Memórias* do monsenhor Pizarro, os escritos de seu bisavô Diogo Pereira Ribeiro de Vasconcelos, a *Vida do Arcebispo Frei Bartolomeu dos Mártires* (escrita pelo padre frei Luís de Sousa), o inventário dos bens do seminário marianense em 1831, cartas e visitas pastorais, e mesmo o inventário judicial dos bens do Santuário de Bom Jesus de Congonhas em 1827. As fontes iconográficas aparecem não apenas com os quadros dos bispos, mas também com a vista de Mariana feita pelo padre Viegas em 1809. Não faltam referências a livros mais ou menos recentes, como as obras românticas – que serão adiante mencionadas –, os ensaios de Lorde Macaulay, a obra de Gaston Bouvier e a *Vida de D. Viçoso* escrita por dom Silvério. Surge ainda o material que retirou de revistas ou congêneres, como um artigo de Mário Behring na *Kosmos* e os textos do cônego João Custódio nas *Leituras úteis*. Esta última consiste numa referência bastante interessante, pois demonstra a abrangência do interesse do doutor Diogo. No extrato do catálogo da Livraria Garnier, ela aparece citada da seguinte maneira:

> Enciclopédia Popular (leituras úteis). Noções escritas e notas referentes aos mais interessantes conhecimentos humanos; notícias relativas às coisas e instituições do Brasil; apontamentos históricos, geográficos, estatísticos, biográficos, industriais, literários, etc., por Bernardo Saturnino da Veiga. 1 v. in-4º grande enc. – 16$000.[24]

---

[24] *Extrato do Catálogo da Livraria Garnier*. Disponível em: <http://www.caminhosdoromance.iel.unicamp.br/biblioteca/0219/Catalogo_014-024.pdf>. Acesso em: 14 jun. 2011.

Assim, Vasconcelos, de modo mais ou menos diletante, reuniu um material composto pelos abundantes manuscritos à sua disposição, por objetos do passado, pela memória extraída dos mais velhos ou de sua própria infância, por parte da literatura romântica, pelos livros historiográficos acessíveis, pelo saber enciclopédico e pelas lições de retórica. Esse conjunto coadunava-se com sua proposta de escrever "memórias" que, efetuadas "nas horas vagas" e "nos dias de férias", resultavam incompletas.[25] Como era comum no Brasil de sua época, Diogo de Vasconcelos nunca se assumiu como historiador profissional. Por isso, sua obra não deve ser medida por um estalão que não lhe cabe. Ela se fez rica e duradoura porque o autor, sendo filho de seu tempo, forjou um modelo consistente com o material que tinha à disposição. Sendo assim, talvez seja equivocado o esforço de buscar o fundamento de seu método historiográfico na leitura dos cânones da época.

Tempo

Ideias como as de "foice dos séculos", "progresso moral", "peripécias do destino" e "rasgo da providência" organizaram a maneira pela qual Vasconcelos pensou e escreveu a história.[26] Conquanto marcado pela crença na evolução da caridade, base de uma postura etnocêntrica, uma certa noção de historicidade esteve presente em toda a sua reflexão. É ela que lhe permite avaliar com alguma condescendência os vícios cometidos pela própria Igreja, instituição cujos valores seriam o esteio da civilização mineira. Compreendeu, por isso, o relaxamento dos prelados frente aos congados, preferindo apontar percalços ainda mais perniciosos, embora compreensíveis para a época:

> Coisa muito pior, não achamos vestígios de que os Bispos a condenassem, e eram os nichos pelas esquinas, diante dos quais vinham magotes de vadios tirar à noite terços e ladainhas. Eram as encomendações de almas fora de hora em cada cruz que se

---

[25] VASCONCELOS, D. *História Antiga das Minas Gerais*. 4. ed. Belo Horizonte: Itatiaia, 1974, v. 1, p. 43-4. Cf. a "advertência" feita pelo autor a esse respeito. Nela, informa que tomou a decisão de escrever a história de Minas em 1898, quando, depois de ouvir missa no dia em que se completavam dois séculos da chegada da bandeira de Antônio Dias, meditou por duas horas.

[26] VASCONCELOS, 1935, p. 47, 101, 130.

encontrava, devoções de que aliás se compraziam os moradores do bairro. Tempos e costumes.[27]

Em nota de pé de página, referindo-se a essa última expressão, o autor acrescentava: "Os deuses arvais eram populares, havendo cada quarteirão de Roma o seu, em nichos de esquina, muito festejados. Um culto muito ruidoso e alegre".

A referência é bastante sintomática na medida em que indica uma visão mais precisa do doutor Diogo a respeito do problema da historicidade. Ela traz à tona o tema do paganismo, bastante mencionado na *História do Bispado*. No primeiro capítulo, em que se discutem as relações entre Estado e Igreja, recorreu também a uma nota com o intento de assinalar as tensões resultantes da implementação do cristianismo em Roma, no século IV:

> Graciano era cristão zeloso. A ele se deve a retirada da estátua da Vitória do Senado, ato impolítico e muito imponderado. A maioria dos senadores, e também parte ainda muito considerável de Roma, era pagã. Além disso, a estátua, simbolizando a glória militar do Império, os conservadores a estimavam como figura das tradições. O resultado foi uma revolta sangrenta e um ódio implacável, pagando o Imperador com a vida a sua imprudência. Este episódio está narrado admiravelmente por Boissier no *Fim do Paganismo*.[28]

De fato, a mencionada obra de Gaston Boissier, editada em 1891, tratou da permanência das crenças pagãs no século IV, especialmente no campo da educação, apesar da instituição do cristianismo[29]. A evocação de exemplos da Roma antiga assume, na *História do Bispado de Mariana*, um lugar decisivo, pois tende a delimitar não somente o âmbito da historicidade, aludido pela expressão "tempos e costumes", mas também a reprodução de uma mesma luta que, atravessando os séculos, foi travada tanto pelos cristãos dos primeiros tempos quanto pelos mineiros oitocentistas. Para Vasconcelos, a compreensão

---

[27] VASCONCELOS, 1935, p. 44.

[28] VASCONCELOS, 1935, p. 14.

[29] BOISSIER, Gaston. *La fin du paganisme. Études sur les dernières lutes religieuses en Occident au quatrième siècle*. Paris: Hachette, 1903.

do teor violento da dimensão propriamente histórica das sociedades coadunava-se com a posição política conservadora que sempre sustentou. No trecho acima, em que menciona os dissabores de Graciano, o historiador mineiro, embora postado ao lado dos combatentes favoráveis à vitória do cristianismo, censura o imperador por seu "ato impolítico", pois a estátua da Vitória "os conservadores a estimavam como figura das tradições".

Porém, a questão crucial aqui consiste no modo pelo qual o tema do paganismo articula historicidade e permanência. O historiador italiano Carlo Ginzburg, discutindo o conceito de estilo, recorda como Cícero, defensor do princípio retórico da adequação, foi apropriado, na passagem para o século V, por Santo Agostinho, que, respondendo à espinhosa questão sobre por que Deus condenara os sacrifícios antigos mas não os novos, distinguiu entre o *pulchrum* e o *aptum*, isto é, entre o belo e o adequado. Dessa forma, era possível considerar o Antigo Testamento ao mesmo tempo verdadeiro e superado, dado que, embora a verdade de Deus fosse única, os homens variavam com o tempo. O conceito de adequação, retirado de Cícero por Agostinho, permitiu que este associasse imutabilidade divina e variação histórica.[30]

Seguindo essa mesma trilha, Vasconcelos sentia-se à vontade para transitar entre alguns dos pressupostos da historicidade vigentes no momento em que escreveu. De maneira pitoresca, contou que, estando doentes dom Manuel e o governador conde de Galveias, submeteram-se, respectivamente, a quatro e dezoito sangrias, porque esta era a "terapêutica do tempo".[31] Avaliando os aviltantes sucessos sofridos pelo primeiro prelado, esclareceu:

> Remontando a esse agitado cenário, a maior dificuldade foi nos desligarmos das ideias e dos costumes que felizmente hoje predominam para compreendermos bem a situação deste Bispo, cuja missão não era lidar somente com a sociedade clerical mal constituída, mas com leigos que começavam por ignorantes e supersticiosos e acabavam potentados irreverentes, todos insubordinados, sobretudo no que tocava a matérias de dinheiro, nas

---

[30] Cf. GINZBURG, Carlo. *Olhos de madeira*. Nove reflexões sobre a distância. Tradução de Eduardo Brandão. São Paulo: Cia. das Letras, 2001. (Em especial, capítulo "Estilo" e p. 141-2).
[31] VASCONCELOS, 1935, p. 53.

quais a Igreja, infelizmente, se apresentava, atraindo queixas e animosidades, como um polvo irmão do Fisco[32].

Assim, as circunstâncias históricas imiscuíam-se na intrincada luta pelo progressivo avanço moral. A própria Igreja, com suas devassas episcopais, o revelava: "[...] mostra-nos a história como as instituições se perdem, desclassificando o seu objeto e os meios de seu exercício".[33]

E as mesmas circunstâncias justificavam certos excessos cometidos pela instituição responsável pela guarda da eucaristia. Num contexto de despotismo, era seguir ou perecer: "A parte humana da Igreja, porém, ou há de acomodar-se com as vicissitudes progressivas da história, para dirigi-las, ou há de atrasar-se, perturbando a consciência dos fiéis, que não suporta sofismas".[34]

Nesse sentido, é possível afirmar que Diogo de Vasconcelos compreendeu e julgou a evolução da história de sua terra pátria fundando-se numa noção precisa de tempo – na verdade, numa noção temporal que se desdobrava em duas. Por um lado, percebeu as diferenças de costumes existentes entre os diversos períodos vividos pelas sociedades. E, por isso mesmo, não deixou de inserir a história de Minas e do Brasil numa temporalidade mais ampla, intimamente relacionada com a história da Europa. Esse tempo europeu prolongado na América, esse ramo que se originara da árvore lusitana, ensinava algo sobre os diversos momentos da formação da sociedade brasileira. Essa noção de tempo ramificado, perpassado parcialmente pelo ideário liberal, o conduziu a avaliações sobre o passado, que, embora hoje pareçam anacrônicas, guardavam em si, no ato de sua elaboração, o esforço de historicizar e introduzir uma diacronia evolutiva e civilizatória. Justificando, por exemplo, a baixa qualidade do clero mineiro setecentista, Diogo definiu o despotismo:

> Naquele regime quase geral de soberania, em que o povo era nada, e toda a política se fazia para equilibrar as duas classes poderosas da nobreza e do clero, o principal interesse dos Bispos consistia

---

[32] VASCONCELOS, 1935, p. 70.
[33] VASCONCELOS, 1935, p. 47.
[34] VASCONCELOS, 1935, p. 79.

em multiplicar o número de padres a fim de fortificarem o seu partido, e por isso não os molestavam facilmente.[35]

Entretanto, outra noção de tempo articulou-se a essa primeira. Como devoto, Vasconcelos não permaneceu imune à concepção católica da história, seja pela incorporação da Providência como agente decisivo em certos acontecimentos, seja através da recuperação de visões cíclicas. Para o doutor Diogo, embora as vicissitudes mineiras derivassem da evolução da humanidade no geral, em cada sociedade era travado o mesmo drama cíclico do combate entre forças antitéticas. Para o autor, as Minas Gerais, independentemente de seu lugar na evolução histórica ocidental, constituíam, antes de tudo, uma sociedade em formação, devendo, por isso, passar pelos vaivéns experimentados por outras tantas sociedades do passado. Entende-se, por essa razão, o porquê de Vasconcelos ter escrito uma *História Antiga* e uma *História Média* para as Minas[36]: era preciso traçar as formas assumidas em sua terra pátria pela dinâmica da formação social. Em outras palavras, a história das Gerais, a um só tempo, consistia em começo e continuidade, visto que era sociedade em gestação, mas também prolongamento da evolução europeia. Daí, aliás, seu apego a temas relativos à Antiguidade, à Idade Média e ao choque entre paganismo e cristianismo. Eram esses mesmos os termos que para ele pautavam a história mineira: formar-se partindo dos estágios primitivos e em busca da difícil vitória da civilização – aliás, vitória da eucaristia.

Que o doutor Diogo tinha plena clareza da relação entre a evolução tortuosa da história de Minas, a dinâmica vivida durante a Idade Média e a luta colossal entre cristianismo e paganismo é algo que pode ser encontrado em palavras bastante categóricas:

> Chateaubriand, comentando a Idade Média, aponta-lhe as antíteses e contradições; guerra onímoda e caridade perfeita; costumes corruptos e sentimentos angélicos; ódios atrozes e poesia divina; heresias e fé ardente; reis de estola e papas de espada. Em ponto menor, foi o nosso quadro. Como num vasto descampado cheio de paganismo, encontrava-se uma ou outra casa humilde

---

[35] VASCONCELOS, 1935, p. 21-2.

[36] VASCONCELOS, Diogo de. *História Antiga de Minas Gerais*. 4. ed. Belo Horizonte: Itatiaia, 1974, 2 v.; VASCONCELOS, Diogo de .*História Média de Minas Gerais*. 4. ed. Belo Horizonte: Itatiaia, 1974.

e modesta da família cristã, de onde se irradiou a fé, e o mundo converteu-se pela educação das gerações novas; assim foi a redenção de Minas.[37]

François-René de Chateubriand, como se sabe, foi o autor do *Gênio do cristianismo*, de 1802, e de *Os mártires*, de 1809, obras voltada à consagração dos cristãos frente ao paganismo. Em trecho desse último trabalho, por exemplo, exalta a fé e a simplicidade de uma família cristã:

> "Lastenes", disse então Demodocus, "começo a compreender que a fama, essa voz de Júpiter, me ensinara a verdade: tu terás, sem dúvida, abraçado essa seita nova que adora um Deus desconhecido de nossos ancestrais".
>
> Lastenes respondeu:
>
> "Eu sou cristão".
>
> O descendente de Homero ficou algum tempo aturdido; depois, retomando a palavra:
>
> "Meu hospedeiro, perdoe minha franqueza: eu sempre obedeci à verdade, filha de Saturno e mãe da virtude. Os deuses são justos: como eu poderia conciliar a prosperidade que te cerca com as impiedades das quais são acusados os cristãos?"
>
> Lastenes respondeu:
>
> "Viajante, os cristãos não são ímpios, e vossos deuses não são nem justos nem injustos: eles não são nada. Se meus campos e minhas tropas prosperam nas mãos de minha família, é porque ela é simples de coração e submetida à vontade daquele que é o único e verdadeiro Deus. O céu me deu a casta esposa que vós vedes; eu não lhe pedi mais do que uma constante amizade, a humildade e a castidade de uma mulher. Deus abençoou minhas intenções. Ele me deu filhos submissos, que são a coroa dos velhos. Eles amam seus genitores e são felizes porque se acham ligados à casa de seu pai. Minha esposa e eu temos envelhecido juntos; e, embora meus dias não tenham sido sempre bons, ela dormiu trinta anos ao meu lado sem revelar as preocupações de meu leito e as atribulações escondidas de meu coração. Que Deus lhe dê sete vezes a paz que ela me deu! Ela jamais será tão feliz quanto eu desejo!"
>
> Assim, o coração desse cristão dos velhos dias desabrochou falando de sua esposa. Cimodoceu o escutava com amor: a

---

[37] VASCONCELOS, 1935, p. 23.

beleza desses costumes penetrava a alma desse jovem infiel; e o próprio Demodocus tinha necessidade de se lembrar de Homero e de todos os seus deuses para não ser atraído pela força da verdade.

Depois de alguns momentos, o pai de Cimodoceu disse a Lastenes:

"Tu me pareces completamente dos tempos antigos, e, no entanto, eu não vi tuas palavras em Homero! Teu silêncio tem a dignidade do silêncio dos sábios. Tu te elevas a sentimentos plenos de majestade, não sobre as asas de ouro de Eurípedes, mas sobre as asas celestes de Platão. No meio de uma doce abundância, tu gozas as graças da amizade; nada é forçado em torno de ti: tu és contentamento, persuasão, amor. Que tu possas conservar por muito tempo tua felicidade e tuas riquezas!".

"Eu nunca acreditei", respondeu Lastenes, "que essas riquezas fossem minhas: eu as recolho para os meus irmãos cristãos, para os pagãos, para os viajantes, para todos os desafortunados; Deus me deu sua direção; Deus delas me despojará talvez: que seu santo nome seja abençoado!"[38]

Leitor de Chateaubriand, o doutor Diogo avaliava que a bem-aventurança da família cristã, resguardada por campos e tropas, só poderia resultar do convencimento ou do combate travado junto àqueles que permaneciam reféns de formas primitivas[39]. E foi justamente seu entendimento de que a história era, de cabo a rabo, atravessada pelas "paixões humanas", tornando-se palco de acontecimentos dramáticos, o que levou o autor a abusar das figuras de linguagem. Escrevendo e falando hiperbolicamente, as metáforas de Vasconcelos eram, na verdade,

---

[38] CHATEAUBRIAND, François-René. *Les martyrs*. Paris: Pourrar Frères Editeurs, 1836. tomo I, livro II, p. 49-51 (Oeuvres complètes de M. Le Vicomte de Chateaubriand, membre de l'Académie Françoise. Tomo XIX). (Tradução nossa).

[39] Embora haja quantidade expressiva de estudos sobre a história da historiografia, as seguintes obras, consideradas clássicas, trazem observações importantes sobre o período de produção de Diogo de Vasconcelos: COLLINGWOOD, R. G. *A ideia de história*. Tradução de Alberto Freire. Lisboa: Presença, 1972; FEBVRE, Lucien. *Michelet e a Renascença*. Tradução de Renata Maria Parreira Cordeiro. São Paulo: Scritta, 1995; FUETER, Ed. *Histoire de la historiographie moderne*. Tradução de Émile Jeanmaire. Paris: Librairie Félix Alcan, 1914; LEFEBVRE, George. *O nascimento da moderna historiografia*. Tradução de Sá da Costa. Lisboa: Sá da Costa Editora, 1971; TALMON, J. L. *Romanticism and Revolt*. Europe, 1815-1848. Norwich: Harcourt, Brace & World, Inc., 1967.

palavras bastante concretas e reais, inscritas no jogo do poder. Por isso, contou a história de Minas como uma epopeia. O pioneiro dom Manuel da Cruz, sempre indisposto com o Cabido, sofreu "desordens inveteradas", vendo-se de tal modo envolvido por "criaturas revoltadas" que "sua história foi a de uma *luta escandalosa e continuada*".⁴⁰ Em disputa com o ouvidor, apanhou logo seu "primeiro *golpe de guerra*".⁴¹ Em tais condições, deu a seu vigário-geral "carta branca para *medir espadas* com tal Ministro".⁴² Naquele contexto de "*lutas estéreis* e ingratas", de "incêndio", "carvões e brasas", uma casa de orações foi "convertida em *palco de gladiadores*".⁴³ Naquele "meio revoltoso, cavado de interesses e mal habituado", onde tantos bispos definharam, frei Cipriano fez-se resistente na tarefa de reformação da Igreja: "E assim, com as primeiras *cajadadas*, desenganaram-se os *lobos*, e o rebanho ficou submisso."⁴⁴ Após a Independência, travou-se uma "*guerra atroz*" dos "chamados liberais" contra frei José da Santíssima Trindade, "acoimado de absolutista, partidário da restauração".⁴⁵ À "fase tempestuosa" de frei José, seguiu-se uma "fase terrível", uma "época de costumes soltos".⁴⁶ E as metáforas se multiplicam reforçando a ideia de que a guerra consistia, em Diogo, na própria essência da história.

Seu sentido religioso, de luta cíclica do bem contra o mal, consistia na justificativa para a evocação do tribunal da verdade, único capaz de separar o joio do trigo:

> Assim como uma só hora de luz emenda o caminho perdido nas trevas, assim também chega uma gota de verdade para limpar um oceano de mentiras. Neste vaivém em que se move a história, fluxo e refluxo do bem e do mal, vinga a boa natureza humana, e afinal se apura um saldo a favor da lenta, mas indefectível espiral em que se aperfeiçoa.⁴⁷

---

⁴⁰ VASCONCELOS, 1935, p. 58, grifo nosso.
⁴¹ VASCONCELOS, 1935, p. 58, grifo nosso.
⁴² VASCONCELOS, 1935, p. 60, grifo nosso.
⁴³ VASCONCELOS, 1935, p. 72, grifo nosso.
⁴⁴ VASCONCELOS, 1935, p. 84, grifo nosso.
⁴⁵ VASCONCELOS, 1935, p. 87, grifo nosso.
⁴⁶ VASCONCELOS, 1935, p. 88.
⁴⁷ VASCONCELOS, 1935, p. 93.

Vasconcelos sabia da existência de Leopold von Ranke, embora não precisasse dele para forjar seu método de tratamento documental – bastava-lhe, de fato, a capacidade de cotejar um número infindo de fontes e o reconhecimento do gênero judiciário que a velha e boa retórica lhe oferecia. Porém, a ligação indireta que estabeleceu com a famosa *História dos papas* remete também à sua luta em defesa da Igreja[48]. Atacando o Regime de Padroado, o doutor Diogo menciona o "insuspeito" historiador liberal Lorde Thomas Babington Macaulay. Citando, na *História do Bispado de Mariana*, os *Ensaios Filosóficos e Políticos* do autor inglês – certamente referência aportuguesada ao original inglês ou à versão francesa do referido livro –, reproduz em tom de denúncia antiprotestante a seguinte passagem:

> A nova teologia espalhou-se com rapidez nunca vista. Puseram-se ao lado dos soberanos, impacientes por se apropriarem das prerrogativas do Papa, nobres desejosos de tomar parte na pilhagem das Abadias.[49]

Macaulay, no entanto, escrevera algo um pouco diferente:

> A nova teologia se expandiu com uma rapidez desconhecida até então. Todas as classes da sociedade, todas as mais diversas espécies de homens vieram se posicionar entre os inovadores. Viram-se logo do mesmo lado soberanos impacientes por se apropriarem das prerrogativas do papa, nobres desejosos de tomarem a sua parte na pilhagem das abadias, demandantes exasperados pelas extorsões da câmara romana, patriotas ávidos de livrar-se do jugo estrangeiro, homens de bem, escandalizados com a corrupção da Igreja, viciosos estimulados a se aproveitar da licença inseparável das grandes revoluções morais, sábios ardentes à procura da verdade, espíritos fracos seduzidos pelo charme da novidade.[50]

A citação é retirada do ensaio intitulado "A história dos papas de Ranke", escrito em outubro de 1840. Embora a resenha de Macaulay

---

[48] Dentre as diversas edições do livro de Ranke disponíveis no século XIX, mencione-se, a título de exemplo: RANKE, Leopold von. *Histoire de la paputé*. 12. ed. Tradução de J.-B. Gaiber. Paris: Sagnier et Bray, Libreurs-éditeurs, 1848.

[49] VASCONCELOS, 1935, p. 10.

[50] LORD MACAULAY. *Essais politiques et philosophiques*. Tradução de G. Guizot. Paris: Michel Levy Frères, Libraires-Éditeurs, 1862, p. 251, tradução nossa.

tenha certamente interessado ao doutor Diogo pelo cerne de seu argumento – o de que a Igreja católica demonstrava força histórica por ter sobrevivido a diferentes ataques durante dois mil anos –, ela nada teria a acrescentar-lhe em termos de crítica documental. O historiador inglês era um liberal que, mesmo admirando a capacidade institucional da Igreja, alimentava-se da crítica iluminista à superstição. Mas não deixou de proferir palavras decisivas para o pensamento de Vasconcelos, apropriadas de modo especial por quem havia vivido a Questão Religiosa: "Eu espero que um dia um historiador tão distinto e moderado quanto o professor Ranke escreva a história do despertar católico do século XIX".[51] Eis o tema crucial: Ranke e Macaulay, sem poderem imaginá-lo, ratificavam a ideia dioguiana de que a história da Igreja era a história da luta do bem contra o mal. Mais ainda, assim como os cristãos e particularmente os católicos haviam sobrevivido ao paganismo e às várias formas de protesto, também se sobressairiam na crise oitocentista derivada do racionalismo ilustrado. Aqui, o Chateaubriand de *Os mártires* poderia ser evocado novamente:

> Então o demônio da falsa sabedoria se levanta com uma gravidade que se assemelha a uma triste loucura. A simulada severidade de sua voz, a calma aparente de seus espíritos, engana a multidão deslumbrada: tal como uma bela flor encimando um caule envenenado, ele seduz os homens e lhes dá a morte. Ele afeta a forma de um velho, chefe de uma dessas escolas espalhadas por Atenas e Alexandria. Os cabelos brancos coroados com um ramo de oliveira, uma fronte meio calva, predispõem inicialmente a seu favor; mas quando é considerado mais de perto, descobre-se nele um abismo de baixeza e de hipocrisia, e um ódio monstruoso contra a verdadeira razão. Seu crime começou no céu com a criação dos mundos, tão logo esses mundos foram entregues às suas vãs disputas. Ele censurou as obras do Todo-Poderoso; desejava, em seu orgulho, estabelecer uma outra ordem entre os anjos e no império da soberana sabedoria: foi ele o pai do ateísmo, execrável fantasma que nem mesmo o próprio Satã pariu, e que se tornou amante da morte quando ela apareceu nos infernos. Mas, embora o demônio das doutrinas funestas se vanglorie de suas luzes, ele sabe, no entanto, quão perniciosas elas são aos

---

[51] LORD MACAULAY, 1862, p. 288.

mortais, e se regozija dos males que fazem na terra. Mais culpável que todos os anjos rebeldes, conhece sua própria perversidade, e dela faz motivo de glória. Essa falsa sabedoria, nascida após os tempos, falou dessa forma à assembleia dos demônios: "Monarcas do inferno, vós o sabeis, eu sempre me opus à violência. Nós só obteremos a vitória pelo raciocínio, pela doçura e pela persuasão. Deixai-me propagar entre nossos adoradores, e entre os próprios cristãos, esses princípios que dissolvem os laços da sociedade e minam os fundamentos dos impérios. Já Hierocles, ministro querido de Galérius, se jogou em meus braços. As seitas se multiplicam. Deixarei os homens à sua própria razão; eu lhes enviarei meu filho, o ateísmo, amante da morte e inimigo da esperança. Eles chegarão mesmo a negar a existência daquele que os criou. Vós não tereis de se entregar a combates, cujo resultado é sempre incerto: eu saberei forçar o Eterno a destruir uma segunda vez a sua obra".[52]

A ameaça do ateísmo, expressa pelos vários tipos de resistência aos projetos pontifícios de romanização, bem como pelo avanço da crença na capacidade da ciência, consistia num tema propício aos esforços do historiador mineiro visando explicar e conferir sentido a certos desgastes e derrotas que, no início do século XX, quando escreveu seu trabalho de natureza historiográfica, pareciam irreversíveis. Se for pertinente retomar as análises de Hannah Arendt[53] acerca dos esforços empreendidos por diversos filósofos oitocentistas para manter, mesmo invertendo-a, algo da estrutura platônico-aristotélica, é possível afirmar que Diogo de Vasconcelos buscou enfrentar à sua maneira o pernicioso problema da corrosão da autoridade. Assim, sua obra, como dito acima, articulou diferentes temporalidades. Por um lado, entendeu a história do Brasil como continuidade do tempo europeu; e, nesse ponto, partilhava da hipótese de que nela, por fim, predominara o elemento lusitano. Por outro, concebeu a história de Minas como o começo de um movimento de gestação que, partindo das formas primitivas, desenvolveu-se, no fluxo e no refluxo, na direção do progresso moral e da vitória da eucaristia:

---

[52] CHATEAUBRIAND, 1836, tomo I, livro VIII, p. 207-8.
[53] ARENDT, Hannah. Que é autoridade? In: *Entre o passado e o futuro*. Tradução de Mauro W. Barbosa de Almeida. São Paulo: Perspectiva, 1972, p. 127-87.

> Quando outro préstimo não tivesse o clero antigo, conservou-nos a Eucaristia, que é o dogma central do cristianismo, e só ele basta para sanificar a sociedade e perpetuar a Igreja. E foi o que se deu em nossa terra, onde, em menos de três gerações, se formou um povo que nada tem que invejar aos mais antigos e cultos pelos dotes do espírito.[54]

Ou ainda, comentando sobre as irmandades setecentistas:

> Era, pois, uma sociedade aquela em que só a morte igualava os homens. E todavia, em pouco mais de um século é essa mesma sociedade que se transformou e, apesar dos pesares, formou esta grande família unida. Prodígio foi este da mesma fé, resultado que não se conseguiu ainda em países mais antigos, onde o catolicismo não inspirou as classes dirigentes a reconhecerem a igualdade perante Deus.[55]

Esse tempo de formação era, portanto, um tempo acelerado – o caminho inevitável a ser percorrido por toda sociedade o foi, nas Minas, de maneira prodigiosa. Apesar das inúmeras resistências – como as intentadas pelo regente Feijó, que tentara fazer bispo do Rio de Janeiro justamente o autor do projeto em favor do celibato dos padres –, o catolicismo era, afinal, a "religião do povo brasileiro".[56] Na Diocese de Mariana, desde o seu início, o "povo", "se não era, desejava ser cristão e amava a Igreja, não obstante as imperfeições da fé e as lacunas da doutrina".[57] Esta, com o tempo, também se aperfeiçoou, pois

> [...] a verdade é que o cristianismo, sendo por essência a religião do espírito, já não está em perigo de confundir o seu culto com as festas naturalistas do paganismo, e a Igreja quer flores, quer música e também o concurso gracioso das belas artes.[58]

Dessa maneira, tal movimento acelerado de gestação, ainda que apontasse para uma finalidade, era marcado pelo eterno retorno do mal, pelo ciclo que tornava de algum modo sinônimos os sofrimentos dos mártires cristãos da Antiguidade e as fezes sorvidas pelos bispos marianenses.

---

[54] VASCONCELOS, 1935, p. 23.
[55] VASCONCELOS, 1935, p. 29.
[56] VASCONCELOS, 1935, p. 89.
[57] VASCONCELOS, 1935, p. 92-3.
[58] VASCONCELOS, 1935, p. 103.

Natureza humana

Esse movimento de gestação das sociedades é ainda, para o doutor Diogo, o ponto de encontro entre a história e a natureza. Isso implica afirmar que o historiador mineiro fundamentou-se em algum tipo de antropologia. Que ela adviesse em parte de certas vertentes do pensamento católico é algo inequívoco. Divisando a reação em Lisboa diante dos conflitos entre dom Manuel da Cruz e o Cabido, Vasconcelos destacou que o rei "se achava perplexo diante das paixões e do orgulho" de ambos os lados.[59] Ao destacar as virtudes de dom Viçoso, ressaltou que "ninguém, jamais, como ele, conheceu tão a fundo o jogo das paixões humanas".[60] A antropologia do autor retraçava de forma não sistemática os debates sobre a tumultuada relação entre corpo e alma, que, vindo de Platão, passaram por Agostinho, Tomás de Aquino e toda a tradição cristã. Mas, a esse respeito, como bom católico, Diogo foi mais tomista que agostiniano, e, por isso, permaneceu sempre a certa distância de concepções propriamente pessimistas e marcadamente autocráticas, como as de Joseph de Maistre em seus momentos de maior furor.[61] Crendo no progresso moral e, como não podia deixar de ser, na graça, chegou a falar, conforme se viu em trecho citado acima, em "boa natureza humana". A despeito de seus defeitos, havia como superar as tentações corporais. Sobre as visitas de bispos fluminenses ocorridas antes da instalação do Bispado de Mariana, Vasconcelos doutrinou:

> As pastorais de Frei Antônio do Desterro revelam-nos, todavia, o quadro daquela época em que, por falta de liberdade ou de meios para se desenvolverem os impulsos do instinto social, misturava-se o religioso, visto apadrinhar o profano, armando-se oratórios em casas particulares para, depois das ladainhas, entregarem-se os devotos aos divertimentos humanos.[62]

Eis, então, uma alternativa: a canalização dos impulsos para os meios de socialização. Porém, esse esforço natural recebia o auxílio de

---

[59] VASCONCELOS, 1935, p. 69.

[60] VASCONCELOS, 1935, p. 103.

[61] Sobre o pensamento de Joseph de Maistre, cf. BERLIN, Isaiah. Joseph de Maistre e as origens do fascismo. In: *Limites da utopia*. São Paulo: Cia. das Letras, 1991, p. 84-140.

[62] VASCONCELOS, 1935, p. 44.

certo determinismo. Assim, no governo de frei Cipriano, na passagem para o século XIX, houvera algum avanço, visto que "[...] a própria natureza humana, quando os abusos tocam ao extremo, conspira ao bem da ordem, procurando, por instinto de conservação, sujeitar-se às leis como necessidade comum".[63]

Aqui, uma lei natural, a da autoconservação que busca a ordem. Sendo assim, a antropologia do doutor Diogo cria que a propensão natural à ordem devia ser conjugada a esforços que visassem canalizar impulsos desviantes rumo a comportamentos socialmente aceitáveis. Que política poderia realizar tal intento? Ela aparece sob a forma de uma máxima categórica: "leis sem costumes, como costumes sem doutrina, cortam no ar".[64] Em outros termos, a história que Diogo de Vasconcelos escreveu sobre Minas não podia se limitar ao estudo dos modos de institucionalização do Estado. Em grande medida, esse intento é realizado na *História Antiga* e na *História Média*. Nessas obras seminais, sobressai o papel desempenhado por autoridades e instâncias administrativas que, buscando estabelecer as bases do governo e da justiça, tendem a canalizar positivamente os impulsos do instinto social. Mas elas não se fecham em si mesmas, uma vez que a *História do Bispado de Mariana* indica algo ainda mais essencial, isto é, de que maneira os bispos, esses mártires da história mineira, lutaram por instituir a doutrina e, através dela, os bons costumes. Nessa hierarquia entre doutrina, costume e lei, a ação social do Estado aparece determinada pelo trabalho evangelizador. Por esse motivo, conquanto, no fim de três gerações, as estruturas estatais e os costumes ainda decepcionassem, o crucial havia sido feito: estavam enraizadas nas Minas a doutrina, a eucaristia, o amor.

Apesar disso, olhar para o passado era aterrador. Como ressaltou Francisco Iglésias, Vasconcelos não deixou de ser um espírito romântico.[65] Ratifica-o não somente a menção a Chateaubriand, como também

---

[63] VASCONCELOS, 1935, p. 84.

[64] VASCONCELOS, 1935, p. 46.

[65] Cf. IGLÉSIAS, Francisco. Reedição de Diogo de Vasconcelos. In: VASCONCELOS, 1974, p. 11-29. Segundo o autor, "Decerto, é no romantismo que se deve enquadrá-lo, com o gosto da evocação do passado, certo culto ou respeito ao vivido, com minúcias descritivas de quem tivesse presenciado a cena, que apresenta como fazem os ficcionistas, chegando a diálogos" (p. 19).

aquelas que fez ao polêmico poema épico "Ossian", pretensamente descoberto na segunda metade do século XVIII por James Macpherson, cuja narrativa dizia respeito às agruras de um guerreiro escocês; ao *Messias*, epopeia de caráter religioso do alemão Friedrich G. Klopstock, escrita entre 1748 e 1768; ao "Paraíso perdido" de John Milton, poema épico, publicado em 1667, que narra a queda de Lúcifer; à "Jerusalém", editada por William Blake em 1820. Indiscutivelmente, o doutor Diogo bebeu na fonte do romantismo, incorporando parte de seus pressupostos e de suas formas estéticas. Registre-se, contudo, o que já foi sugerido: o romantismo, por si só, não consegue abarcar o trabalho do historiador mineiro. Para além do peso da retórica e do catolicismo na obra dioguiana, elementos cientificistas foram também nela absorvidos, ainda que de modo fragmentário. De toda maneira, foi em grande medida a cultura romântica que levou Vasconcelos a escrever a história de Minas como um épico – quanto mais que, consciente disso, preocupou-se em justificar certas apropriações, talvez inadequadas a um bom católico:

> Não há poeta verdadeiro que não seja um místico. Sem Deus, não podia Lucrécio ser poeta; e de fato, o invoca em nome nos mais sublimes raptos do seu naturalismo. O cristianismo, de mais, sendo a religião pura da alma, é a revelação da suprema beleza que inspiraram a *Messiada*, o *Paraíso*, a *Jerusalém* e os *Mártires*, e que impregnam de celeste formosura a eloquência das *Confissões* e da *Apologética*.[66]

Na reflexão de Diogo, as marcas de Lucrécio e de tantos outros autores tinham de ser avalizadas pelas *Confissões* de Santo Agostinho ou pela doutrina da Patrística. Isso feito, era possível evocar os entes românticos com o intuito de dignificar a história mineira. Em seu livro sobre a *Arte em Ouro Preto*, o reconhecimento do primitivismo da estética local frente à europeia é amplamente compensado pelo caráter épico da trajetória. Lembrando, no desfecho da edição, que em Ouro Preto "nasceram todas as artes", Vasconcelos arrematou com triunfo:

> Daqui saíram, enfim, os primeiros mártires. Não há, portanto, casa ou rua em que não vibrem recordações as mais caras de um povo. Como nos cantos de *Ossian*, refulgem nestas montanhas os

---

[66] VASCONCELOS, 1935, p. 104.

luares da tradição e das lendas, e retocam-se de alegria as auroras do novo século. Cidade que foi o cérebro organizador da casa mineira, oficina das leis e da ordem, é o maior monumento de seus monumentos. Quando mesmo a fatalidade das circunstâncias fizesse um dia eclipsar a civilização, bastaria o testemunho mudo de nossas ruínas para se reatar o passado ao futuro, e o povo mineiro achar o segredo perdido de suas energias.[67]

É, pois, a estética romântica – que semeia o herói solitário nas ruínas de uma civilização antiga – o esteio da dignificação da jovem, porém apressurada, história de Minas Gerais. O enfoque regional, nessas circunstâncias, não parece explicar-se, como quis Francisco Iglésias, pelo impacto do advento republicano ou pelo apego à noção comteana de pequena pátria.[68] Mesmo porque o regionalismo, tendo se constituído já no período colonial, e sendo constatado entre os representantes americanos nas Cortes de Lisboa em 1820, não esperou a Proclamação da República para acalentar leitores de diversas partes do Brasil. É curioso, a esse respeito, a dificuldade de escolher a forma correta de citar a *História do Bispado*. Conquanto não se deva esquecer que sua edição foi póstuma e organizada pelo filho do autor, Roberto Vasconcelos, vale mencionar que a estruturação dos elementos editoriais permitem duas formas distintas de classificação: Diogo de Vasconcelos. *História do Bispado de Mariana*. Belo Horizonte: Edições Apolo, 1935 (Coleção Biblioteca Mineira de Cultura, sob a direção de Aníbal Matos); ou Diogo de Vasconcelos. *História da Civilização Mineira*. 1ª parte: Bispado de Mariana. Belo Horizonte: Edições Apolo, 1935 (Coleção Biblioteca Mineira de Cultura, sob a direção de Aníbal Matos). A questão talvez perca importância caso seja descartada qualquer possibilidade de interferência do doutor Diogo na intitulação do livro. Teriam os manuscritos que deixou apontado esta ou aquela direção? Contudo, apesar da falta de informações desse gênero, os próprios textos dos livros indicam que seu autor tendeu a conceber as Minas como uma civilização específica. E é a sua forma em ruínas, evocada no trecho acima, a imagem mais corpórea desse fato.

Por essas e outras razões, como se disse, olhar para o passado era aterrador. Tinha de ser, pois se tratava de uma civilização, de um

---

[67] VASCONCELOS, 1934, p. 102.
[68] IGLÉSIAS, 1974, p. 13-4.

trabalho de gestação, de um parto, enfim. Daí a recorrência, referida acima, às metáforas da luta e da guerra. Vasconcelos, como foi comum entre os românticos, começou concebendo a grandiosidade do passado mineiro pela exuberância da natureza – mas uma natureza de horror, como demonstra sua narrativa sobre a conquista do Rio São Francisco, "dos maiores rios da América o primeiro que se inscreveu no inventário da civilização".[69] Já o padre Navarro e sua comitiva, ao descobrirem o extenso curso d'água em 1555, depararam-se com um "painel formoso". Para nele chegar, foi preciso enfrentar "um itinerário de voltas e retornos, como foi o dos hebreus no deserto". Nessa epopeia, adentrando em "pleno coração do país bárbaro", tiveram de evitar "lugares infestados de íncolas ferozes". Todavia, o fato é que antes mesmo da criação da Vila de São Paulo, "já o Rio de São Francisco estava intimado a nos entregar seus bárbaros, suas feras e seus tesouros".[70] Mas não a baixo preço:

> Entretanto, o Rio São Francisco, deslizando em meio das terras, reviçando florestas e campos, cercando ilhas, absorvendo tributários imensos e derramando alagadiços enormes, debaixo de um céu luminoso e quente, foi sempre o viveiro propício de povos, teatros de lutas e guerras incessantes.
>
> No período a que nos referimos, subiam-lhe da zona marítima tribos espavoridas, e desciam-lhe dos sertões interiores outras tantas em igual aperto, fugindo de inimigos acaso mais cruéis. Aquele período secular foi justamente o em que a zona marítima passou pelos embates da invasão e das guerras estrangeiras.[71]

A descrição do doutor Diogo é uma pintura na qual a intensidade das forças naturais impulsiona e acresce os poderes humanos, transformando tudo num turbilhão quase descontrolado. E é no coração da barbaria, desses pagãos tropicais, que heroicamente caminham os filhos de Israel. É trespassando o tumultuado vaivém da história que trafegam os condutores da eucaristia. O encontro com povos autóctones de diversas qualidades traz ainda à interpretação do devoto Vasconcelos a ideia de raça:

---

[69] VASCONCELOS, 1974, p. 14.
[70] VASCONCELOS, 1974, p. 14-5.
[71] VASCONCELOS, 1974, p. 16.

> Aqui se achavam índios aldeados e hospitaleiros, ali nômadas e cruéis, hoje, amigos, amanhã, inimigos, inteligentes uns, e dóceis, estúpidos outros, e ferozes, mas todos alarmados, impelindo-se uns contra os outros, e pelo terror a fugirem diante da conquista. Em geral, contudo, o que se notava neste turbilhão de bárbaros, era a benevolência nativa das melhores raças. Aldeias se encontravam nas quais se falava a mesma língua dos índios da comitiva, viam-se aí utensílios já imitados, e usava-se de anzóis de ferro. Conhecia-se nelas o nome cristão do rio, e a confiança com que receberam o Padre foi parte para se crer que já sabia como nos jesuítas tinham benfeitores e amigos e que não foram de outras aldeias, que não destas, os neófitos que seguiram o missionário para Porto Seguro.[72]

Não deixa de ser curioso esse parágrafo, no qual o elemento racial aparece ao lado da exaltação aos jesuítas, recurso constante nas diversas obras do autor. Vale ressaltar que o sucesso do trabalho de evangelização dos inacianos tinha de resultar, pelo menos do ponto de vista doutrinário, da constatação de que os indígenas, sendo humanos, eram também alvos da graça, podendo, por isso, alcançar os ensinamentos cristãos. Certas apropriações do conceito de raça, contudo, implicavam uma concepção determinista segundo a qual um insolúvel nível de estupidez tornava alguns grupos humanos inviáveis, bestializados e incapacitados para qualquer tipo de desenvolvimento civilizatório. Diga-se, aliás, que um dos ilustres antepassados do autor da *História Média*, o mencionado doutor Diogo Pereira Ribeiro de Vasconcelos, comumente citado pelo bisneto, havia pregado, em sua famosa memória escrita na passagem para o Oitocentos, que os botocudos, diferentemente dos demais grupos indígenas, sendo ferozes e incapazes de doutrinação, deviam ser simplesmente exterminados.

Decerto, a narrativa dioguiana, ao fundir a estética da epopeia com a ideia de uma luta universal entre o bem e o mal, não somente identificou diversos grupos humanos presentes na colonização do Brasil aos povos bárbaros da Antiguidade, como também procurou legitimar, em nome do amor e da civilização eucarística, o exercício franco da violência. Defendendo os primeiros povoadores alcunhados de criminosos degradados,

---

[72] VASCONCELOS, 1974, p. 16.

Vasconcelos, num perspicaz exercício metodológico, lembrou que sua detração não poderia advir de terem sido presos, pois o "sistema" da época jogava no degredo gente que cometia penas leves. E, para certificar o leitor de que a intensidade da formação de Minas derivava de um fenômeno comum à gestação de povos civilizados, concluiu:

> Roma tem se dito que se povoou com escravos e com salteadores acolhidos pelo fundador, mas os escravos eram prisioneiros de guerra evadidos das cidades vencedoras, e os salteadores não eram senão os nômadas, que, repelidos de todas as tribos, acharam afinal um assento para viverem livres e tranquilos.
>
> A história, portanto, está cheia de palavras que desencaminham o bom-senso.[73]

Na primeira estirpe de colonizadores achavam-se, então, os mártires que, enfrentando as trevas e praticando a violência justificada, serviriam de esteio para as futuras gerações e, no caso mineiro, para as três gerações que fizeram a história caminhar a passos largos. De todo modo, a presença do elemento racial em seu modelo interpretativo talvez o atualizasse diante do cientificismo vigente no período. Porém, tal determinismo, ao fim e ao cabo, deixava Vasconcelos, à sua revelia, muito próximo de Joseph Le Maistre, bem como de concepções protestantes para as quais a graça nada valia em termos de salvação.

De todo modo, o risco do determinismo racial tendeu, na obra de Diogo, a ocupar um lugar marginal. Talvez tenha cedido à ideia de que, sendo a maioria dos índios "gente aproveitável", a selvageria incontornável atacasse somente uma minoria.[74] Todavia, o que há de valorização dos indígenas em seus livros emerge, na verdade, sob a forma de uma indisfarçável reverência aos jesuítas. Seria injusto ignorar que o doutor Diogo lamentou a pouca importância conferida aos autóctones na história do Brasil:

> Não sabemos por que os episódios passados com os nossos indígenas houveram de cair quase em olvido, quando a verdade é que sem eles nada seria a nossa história, visto terem sido, ou na paz ou na guerra, os principais colaboradores da nascente civilização.[75]

---

[73] VASCONCELOS, 1974, p. 19.
[74] VASCONCELOS, 1974, p. 22.
[75] VASCONCELOS, 1974, p. 23.

Mas essa importância é logo atribuída a quem de fato a merece:

> A religião, misturada com a política, aqui, como na Europa, veio debater-se, disputando a posse da nova terra e, nessa luta, sabemos que os portugueses venceram graças ao elemento indígena e aos grandes homens que saíram de seu sangue, preparados e educados pelos jesuítas, aos quais devemos a integridade do território.[76]

A mesma contradição entre determinismo racial e capacidade de desenvolvimento humano surge na visão que Vasconcelos traça dos africanos. Refletindo sobre a grandiosidade do Quilombo de Palmares, assevera:

> Já em outros livros temos dito que os africanos nem todos se tiravam de raças inferiores ou boçais. Muitos provinham de países adiantados, sobretudo da costa oriental do continente ou do norte de Guiné. Dessas nações limítrofes com países maometanos, os escravos traziam o fetichismo saturado de ideias mais adiantadas e de costumes transmitidos pelos árabes e pelos mouros. Eram estes escravos que sabiam conspirar e que organizavam insurreições, como sucedeu por vezes, e delas se conta a maior, que foi na Bahia, em 1835, quando, na noite de 24 para 25 de fevereiro, a cidade esteve a pique de ser tomada pelos *Muslemis*, nome da seita.[77]

Nesse trecho, à intensidade das paixões humanas e dos instintos sociais, ao impulso de autoconservação, aos limites impostos pela biologia, enfim, soma-se a crença na difusão cultural – a mesma que, para o bem ou para o mal, os colonos realizaram junto aos indígenas e os árabes, aos negros. A ideia de difusão cultural, também apropriada por Vasconcelos no ambiente intelectual e letrado em que vivia, havia de se congratular com a noção mesma de graça: não teriam sido os jesuítas os primeiros grandes difusores culturais na América? Ademais, Diogo retoma, também nessa passagem, o tema das formas primitivas de religião, recosturando a história do Brasil como parto épico. No fundo, inserindo índios e negros no seio da narrativa histórica, concedendo-lhes atributos positivos – de uma maneira que o

---

[76] VASCONCELOS, 1974, p. 23.

[77] VASCONCELOS, 1974, p. 24.

diferencia tanto de um Vanrhagen quanto de um Gilberto Freyre –, o autor mineiro encomia a própria história das Minas Gerais, história repleta de mártires que, quando não educaram e lideraram povos de algum modo valorosos, enfrentam-nos em árduas batalhas. Não por acaso Palmares é descrito pelo doutor Diogo como uma "forma socialista", um exemplo, ao lado dos incas, do "exórdio das repúblicas primitivas", com uma população "de 20 a 30 mil indivíduos", comandados militar e disciplinadamente por Zumbi.[78] Dessa estrutura primitiva foi possível criar algo novo, válido e adequado ao universo colonial, embora fulminado pela tirania pombalina:

> Os jesuítas copiaram a organização das curacas peruvianas em sua república evangélica do Paraguai, famosa utopia brutalmente destroçada pelo Marquês de Pombal, antes de chegar ao grau decisivo da auspiciosa maturidade.[79]

Dos incas para os quilombolas, por um lado, e para os jesuítas, por outro, as estruturas incipientes do Estado se difundem pelos contatos gerando, seja uma sociedade militarmente organizada em luta contra a escravidão, seja uma sociedade utópica. Ao fim de algumas gerações, contudo, ambas estavam destruídas em nome do progresso moral. Pode-se observar alguma nostalgia na amargura do doutor Diogo frente à perseguição antijesuítica, principalmente quando se recorda que, no início do Novecentos, o progresso havia trazido a república e o casamento civil, ameaçando a sociedade mineira fundada na família e na eucaristia.

A narrativa épica de Vasconcelos, no entanto, não resistiu à adoção de um outro tom no tratamento do problema da escravidão. Tendo sido defensor das estratégias mais conservadores a esse respeito, posicionando-se a favor do gradualismo em relação ao fim do cativeiro, o doutor Diogo não deixou de escrever palavras de teor filantrópico.[80] Citou as

---

[78] VASCONCELOS, 1974, p. 24.

[79] VASCONCELOS, 1974, p. 24.

[80] MATTOS, Mário. Elogio do senador Diogo de Vasconcelos, feito a 9 de julho de 1928. *Revista do Arquivo Público Mineiro*, Belo Horizonte, v. 22, p. 177-200, 1928. Discutindo a proposta da lei do Ventre Livre, assim se expressou Diogo de Vasconcelos: "O sr. Visconde do Rio Branco taxou-nos injustamente de escravocratas. Não nos pode caber este repugnante epíteto. Se nos unimos em oposição neste assunto, é porque entendemos que a proposta do governo não é a mais conveniente nas atuais circunstâncias". E continua: "É

folias do Rosário como "ocasião de desafogo aos pobres africanos".[81] Lembrou, a respeito de frei Domingos, que a "compaixão com que protegia e apadrinhava os infelizes escravos tornou-se proverbial".[82] Descreveu o inventário dos bens do seminário marianense, datado de 1835, apontando a ocorrência nele de "objetos que hoje escandalizam, como foram os escravos".[83] Recordou ainda que dom Benevides tratou admiravelmente da lei que extinguiu a escravidão no Brasil e de outras questões contemporâneas".[84] Nesse sentido, o historiador mineiro naturalizou a escravidão, inserindo-a no quadro evolutivo da história: nos primórdios, e mesmo nas décadas seguintes, a luta contra inimigos por vezes valorosos e heroicos; à medida que transcorreram as gerações, domesticados os cativos, passaram a merecer a caridade jesuítica; por fim, esgotada a escravidão, passados alguns anos desde a abolição, cabia-lhes a pecha de pobres coitados. Talvez por isso mesmo – em decorrência da abolição, do preconceito racial e da sensação de que o perigo de uma explosão negra havia se desfeito –, Vasconcelos pôde nostalgicamente cantar Palmares como um épico:

> Os quilombolas, em desespero, preferiam a morte. O régulo, que muitos disseram ter-se suicidado, pelo contrário morreu briosamente com as armas na mão, sacrificando a vida em holocausto à liberdade de sua raça. Derrocou-se por esse modo aquele reduto, onde já haviam nascido e morrido gerações livres.
>
> Durou ele setenta e dois anos, e sempre resistindo e vencendo, vencendo e desafiando cóleras, terror dos senhores e dos governos. Não foi, portanto, aquilo um simples quilombo de pretos. Fossem brancos, bem diverso seria o juízo da história, que os aclamaria por heróis. Se a morte, o incêndio, o extermínio, antes que a rendição, fizeram a glória de Numância, os Palmares não a igualaram por serem humildes os pobres negros vencidos.[85]

---

porque entendemos que é preciso primeiro melhorar as finanças, organizar a força pública, estimular o trabalho livre, aumentar o clero, enfim, restaurar as forças morais e materiais do país, para que ele possa receber sem risco tão grande golpe" (p. 190).

[81] VASCONCELOS, 1935, p. 44.
[82] VASCONCELOS, 1935, p. 81.
[83] VASCONCELOS, 1935, p. 96.
[84] VASCONCELOS, 1935, p. 108.
[85] VASCONCELOS, 1974, p. 27-8.

Assim, no tribunal da história instituído por Diogo de Vasconcelos, foram forjadas desde cedo as bases para se heroicizarem Zumbi e Palmares. Contudo, tais bases, de matriz romântica, escoraram-se, por sua vez, no preconceito que diferenciava os heróis palmarinos de "um simples quilombo de pretos", transformando-os, por fim, em "humildes", "pobres" e "vencidos".

Como se viu acima, os jesuítas, para Diogo, haviam cumprido um papel central na estruturação e difusão das primeiras formas organizadas da América. Se os quilombolas de Palmares teriam de ser vencidos, a utopia paraguaia denotava a preocupação inaciana em erigir fundamentos sociais sólidos. Outra conexão entre os padres da Companhia de Jesus e a fixação da ordem em áreas sertanejas é referida por meio do exemplo do coronel Januário Cardoso de Almeida, um dos conquistadores do São Francisco. Cabendo-lhe o dever de governar a região, esquivou-se do "pleno absolutismo"; "deliberou e procedeu de modo inteiramente diverso, antecipando em tão remotos e obscuros tempos a ideia federalista":

> Assim, ao Coronel pareceu melhor o exemplo sugerido pelos próprios índios, que tinham suas tabas independentes e ligadas apenas ao poder do cacique. E foi o que ele executou, entregando a seus companheiros de armas, parentes e amigos íntimos, o governo e o domínio das aldeias e novos arraiais.[86]

Quando a menção aos incas – cuja experiência social teria se desdobrado em Palmares e no Paraguai – é associada ao caso do coronel Januário, torna-se patente que Vasconcelos, seguindo os modelos de histórias escritas sobre a Antiguidade, procura demonstrar como certas formas sociais autóctones ancoraram as estruturas europeias, permitindo sua instituição.

No exemplo citado, encontra-se, numa das pontas da trajetória do governador do São Francisco, a associação entre parentes e amigos, fonte das estruturas familiares que, ao longo das gerações, embasariam o Estado nacional – Estado inicialmente implantado graças à manutenção dos vínculos entre tabas e caciques. Na outra ponta, porém, contrariando as versões que identificam irrefletidamente os paulistas à violência cruel, Vasconcelos destaca o papel dos principais difusores da eucaristia:

---

[86] VASCONCELOS, 1974, p. 35.

Convém não esquecer que em São Paulo nenhum moço de boa origem passava sem frequentar as aulas do colégio dos jesuítas, e sabe-se que, nem antes nem depois, foram estes educadores excedidos em matéria de ensino. Em seus estabelecimentos professavam os mais abalizados lentes, os mais doutos e profundos humanistas. Eles sabiam particularmente sondar e reconhecer as aptidões dos alunos, e não se contam por números os homens notáveis, inclusive indígenas de talento, que eles prepararam em todas as classes e profissões. A prova tirou-se no povoamento das Minas, quando os paulistas fundadores tiveram um campo vasto para afirmar o poder de sua educação, pois nem mesmo no período agudo da anarquia, a dissolução dos costumes chegou a contaminar de todo a sociedade nascente. Homens instruídos e famílias educadas conseguiram salvar do naufrágio o amor das letras e as virtudes domésticas, qualidades que felizmente reagiram e, acaso mais acrisoladas, repontaram na formação definitiva do caráter mineiro.[87]

Portanto, no paradigma elaborado pelo doutor Diogo, as Minas se constituíram porque as instituições familiares e estatais ergueram-se sobre uma dupla base: as formas sociais autóctones e o ensino jesuítico. Em relação a este último aspecto, valia a máxima exposta na *História do Bispado* e já citada acima: "leis sem costumes, como costumes sem doutrina, cortam no ar". Os inacianos haviam garantido a transmissão da doutrina necessária, que, como no episódio do coronel Januário, tinha sido levada de São Paulo aos sertões descobertos, gerando costumes razoavelmente bons e arraigados, nutridos, por seu turno, pela apropriação de formas sociais primitivas.

Entretanto, o exemplo dos caiapós – que, outrora "selvagens", "bestiais e ignaros", deixaram, em dois séculos, o "estado primitivo" pelo contato com os europeus – ensinaria algo mais: que a "situação aborígene" não melhora por "simples evolução espontânea, como a querem hoje os filósofos".[88] A crítica de Diogo a certa antropologia paga tributo, mais uma vez, à ideia de difusão cultural:

> E de fato, se a simples natureza tivesse tanta virtude, não mais se encontrariam no globo homens primitivos, dado que a terra

---

[87] VASCONCELOS, 1974, p. 33.
[88] VASCONCELOS, 1974, p. 38.

esteja povoada há milhares de anos, e a ordem natural tenha sido constante e perpétua.[89]

É possível que, entre o ano de 1918, quando foi editada a *História Média*, e o de 1927, no qual veio a falecer, Vasconcelos tenha mudado sua opinião sobre a natureza humana. Se, nessa obra, defende a ideia de que a natureza não dispõe de meios próprios visando à evolução, na *História do Bispado*, conforme se viu, sugeriu haver uma tendência ordeira do impulso de autoconservação. Contudo, nada garante que os textos publicados sob a forma de livro em 1935 não tenham sido escritos na mesma época da *História Média*. A existência das duas opiniões pode ser, nesse caso, pura contradição. Ou mesmo entendida como coerência, quando se pensa na hipótese de que a autoconservação estimula a ordem, mas não é, ela mesma, capaz de promover a evolução de fato. De um modo ou de outro, a descrença na evolução espontânea corrobora a visão da história como vaivém – na luta do bem contra o mal, é a graça divina que, pondo limites às paixões humanas, conduz os homens, ou a maioria deles, a situações mais elevadas.

O argumento que desponta da concepção dioguiana acerca da natureza humana é o de que o domínio dos colonos sobre negros e índios fora positivo para os últimos, pois os livrava dos modos primitivos. Vasconcelos disse-o com todas as palavras, referindo-se à "servidão" indígena nas mãos dos paulistas em Tapiraçaba: "Bem pesadas as circunstâncias, facilmente se pode admitir que tal condição foi menos inditosa que a dos selvagens, expostos à nudez e à fome, ou às voracidades do canibalismo".[90]

E, descrevendo as antigas fazendas, nas quais "os índios se achavam na situação dos adscritícios antigos",[91] protegidos pelos senhores, Diogo, identificando novamente as histórias de Minas e de Roma, esboçou um quadro social idealizado, fundado na família patriarcal. Assim, a colonização das Gerais seguira inicialmente o bom caminho, subordinando epicamente os bárbaros, valendo-se de suas estruturas primitivas, agregando e civilizando-os no seio familiar. O que implodiria o bom sucesso

---

[89] VASCONCELOS, 1974, p. 38.
[90] VASCONCELOS, 1974, p. 40.
[91] VASCONCELOS, 1974, p. 40.

dessa gestação, tão parecida com tantas outras ocorridas na história, era, porém, a própria razão de ser dos povoadores:

> O trabalho da mineração veio, entanto, subverter toda essa ordem de coisas. Restaurou-se com ele nos índios, e depois nos desgraçados africanos, a hedionda ficção do homem, coisa, instrumento e valor econômico. Produzir o máximo e consumir o mínimo, ser mais barato comprar um adulto que criar uma peça, forçar pelo terror a obediência passiva e conservar uma instituição a poder de castigos cruéis, eis o que fizeram as minas, sobretudo quando passaram a ser possuídas, depois da era paulista, pelos reinóis, e bem sabemos que nada mais bárbaro girava no mundo que europeus com sede de ouro.[92]

A idealização da antiga fazenda, mais do que um produto romântico ou a consequência de uma noção de história particular, tinha outras faces. Por um lado, consistia na exaltação do ideal que os grupos dirigentes mineiros fizeram de si mesmos durante todo o século XIX, quando a agricultura e a pecuária, baseadas no trabalho escravo, sustentaram a economia regional e seus intentos pontuais de modernização. Por outro, expressava a ameaça que sofria esse mundo com a Proclamação da República, a separação entre Estado e Igreja, a transferência da capital, a disseminação de teorias científicas e cientificistas, e as possibilidades de industrialização. No vaivém da história, os demônios grassavam. Ressalte-se ainda que, apesar da defesa que fizera de Assumar na *História Antiga*, e da presença de certa historiografia tendente a associar a estabilização das Minas com os emboabas, o doutor Diogo enraizou a sociedade mineira nas famílias paulistas, delas puxando um fio que se estenderia até os proprietários oitocentistas.

Anarquia e despotismo

Embora tenha seguido carreira nas instâncias estatais, Diogo de Vasconcelos mostrava-se crítico em relação à baixa política, preocupando-se em apontá-la também no passado. A esse respeito, sua análise do governo do primeiro bispo marianense, marcado pelos intensos conflitos com o ouvidor e o Cabido, bem como por "boatos", "intrigalhadas" e "chicanas",

---

[92] VASCONCELOS, 1974, p. 41.

tornou-se tema privilegiado.[93] A experiência que teve como defensor dos bispos na Questão Religiosa reforçou a amargura. Em 1874, em carta escrita ao futuro prelado Silvério Gomes Pimenta sobre o assunto, destacou: "A política tem muita astúcia, e a Majestade, muitos atrativos".[94] Nos primeiros anos da República, quando serviu no Rio de Janeiro como deputado, viu-se engolfado pelas artimanhas que, no período de consolidação do Partido Republicano Mineiro (PRM), esvaziou as pretensões de fundação de um Partido Católico, tão reverenciado por Vasconcelos[95].

Todavia, como ocorrera com parte expressiva dos políticos e pensadores brasileiros oitocentistas, os dois conceitos que balizavam o posicionamento político do doutor Diogo eram a anarquia e o despotismo. Viu-se anteriormente como sua história de Minas Gerais fora uma narrativa da luta contra a anarquia, cujos efeitos definitivos e perniciosos haviam sido contornados pela educação jesuíta, pelo aproveitamento das formas sociais primitivas e pelo uso justificado da violência por parte de certos colonos e autoridades. Se durante o século XVIII a indisciplina generalizada, permeada por inúmeros motins, constituíra a maior ameaça, na centúria seguinte o risco estava na transformação das ideias liberais em concepções e movimentos sediciosos e ateus.

Não à toa, Diogo deu grande importância ao clero. Em linhas gerais, no modelo interpretativo que apresenta, enquanto os bispos são descritos como exemplos de santidade, os padres aparecem chafurdando na ignomínia. Tal perspectiva é compreensível na medida em que cabia justamente ao clero, na qualidade de mediador cultural, realizar a tarefa ensinada pelos inacianos. Nesse sentido, a história dos padres mineiros implica, para Vasconcelos, uma sucessão de destemperos, alguns dos quais, atingindo o auge do desregramento, advieram de sua adesão ao liberalismo radical. Daí o caráter das menções a essa outra vítima pura, frei José da Santíssima Trindade, acusado de partidário de Portugal na época da Independência. Daí também o elogio à ereção do Seminário e

---

[93] VASCONCELOS, 1935, p. 61 e 64.

[94] Arquivo Eclesiástico da Arquidiocese de Mariana (AEAM). Correspondência de dom Silvério Gomes Pimenta com o doutor Diogo de Vasconcelos. Rio de Janeiro, 31 de julho de 1874. Arquivo 4, gaveta 2, pasta 8.

[95] Cf. sobre o referido período: RESENDE, Maria Efigênia Lage de. *Formação da estrutura de dominação em Minas Gerais. O novo PRM. 1889-1906.* Belo Horizonte: UFMG/PROED, 1982.

aos esforços daqueles que buscaram reformar o sacerdócio. No Setecentos, o clero, "licencioso e turbulento", acompanhava a sociedade: "O nível moral era esse; e os costumes corriam de parelha".[96] Em outras palavras, "a sociedade não era melhor do que os padres", e a própria "sociedade clerical era mal constituída".[97] Entre os numerosíssimos clérigos, alguns eram "poderosos e ricos, mas em geral esquecidos do caráter sacerdotal.[98] Com a mudança nos ares políticos, a ameaça se fez ainda maior:

> Sucedendo a Independência em 1822, e exaltados os ânimos, os padres nativistas, acobertando-se com a capa de patriotas, deram rédeas à insubordinação; e os Cônegos da Sé romperam a marcha, empecendo a autoridade do Bispo a título de ser português. Quiseram obrigá-lo a perseguir os clérigos europeus e a destituir até Vigários colados, como se a revolução houvesse de subverter também a ordem da Igreja. Desta forma, os chamados liberais, que intentavam ocupar as posições políticas, fizeram ao Bispo uma guerra atroz, tirando-lhe a liberdade de reger a clerezia conforme a sua consciência.[99]

Nessas circunstâncias, em que alguns defendiam a legalização do fim do celibato clerical e de outras "nódoas escandalosas", o sacerdócio estava "eivado de sentimentos impuros, dominado por ideias anárquicas, frisando ao racionalismo".[100] Um dos responsáveis por essa "triste podridão" fora o regente Feijó, "persuadido de que no Brasil faltassem católicos para sustentarem a unidade da fé".[101] Com o correr do tempo, contudo, e a realização de intentos reformistas como os de dom Benevides, a situação melhorou, aproximando-se o clero de sua verdadeira missão social:

> As vantagens de um clero adiantado, pondo-se mesmo de parte a glória da Igreja, está acima de todo encarecimento. Contribuindo para a difusão das luzes e a prática das doutrinas religiosas, fundamento da moral, é, ainda mesmo sob o ponto de vista político,

---

[96] VASCONCELOS, 1935, p. 21.
[97] VASCONCELOS, 1935, p. 23 e 70.
[98] VASCONCELOS, 1935, p. 93.
[99] VASCONCELOS, 1935, p. 87.
[100] VASCONCELOS, 1935, p. 88.
[101] VASCONCELOS, 1935, p. 89.

o mais proveitoso e útil agente da paz e do progresso. O que está hoje provado é que um clero convenientemente educado não faz bem somente à Igreja, mas serve ainda mais ao Estado.[102]

Vasconcelos falava da paz como um antirrevolucionário. Não obstante, rejeitando posições por ele consideradas radicalmente liberais, falasse numa indefinida noção de liberdade verdadeira, é de supor que esta última se ajustasse, de algum modo, ao livre arbítrio. Sendo procedente tal hipótese, o doutor Diogo não teria dificuldade em conceber, como o fizera idealizando as antigas propriedades fundiárias dos primeiros colonizadores, a existência da liberdade em contextos estritamente hierarquizados. Afinal, era um monarquista, bem como, pelo menos em parte, um adepto das concepções ultramontanas, cujo auge esteve na afirmação da infalibilidade papal.[103] Por essa razão, mesmo criticando-o severamente por suas posturas frente aos assuntos da Igreja, elogiou Feijó porque "abafou com energia as sedições militares de 1831 e, para aniquilar o militarismo, criou a Guarda Nacional".[104] Lamentou que dom Viçoso tenha, ao assumir o bispado, encontrado padres "divididos por paixões políticas ainda inflamadas pela convulsão de 42, distraídos, portanto, dos deveres sacerdotais".[105] Na verdade, "com a triste revolução ou sedição de 42, o Seminário foi desmantelado por completo".[106] Enfim, o doutor Diogo avaliava o presente pelo passado. Para ele, coubera à Igreja o principal papel no enfrentamento da anarquia que vigorara na história mineira, tendo os bispos atuado heroicamente na instituição da doutrina, na criação do Seminário da Boa Morte e nas tentativas de reforma do clero. Uma Igreja respeitada em sua jurisdição e um clero bem preparado e obediente seriam os ingredientes decisivos na manutenção da ordem e na realização dos empreendimentos encaminhados pelo

---

[102] VASCONCELOS, 1935, p. 110.

[103] Sobre as concepções ultramontanas em Minas, cf.: CAMPOS, Germano Moreira. *Ultramontanismo na Diocese de Mariana. O governo de d. Antônio Ferreira Viçoso (1844-1875)*. Mariana: UFOP, 2010. Dissertação (Mestrado em História) – Instituto de Ciências Humanas e Sociais, Universidade Federal de Ouro Preto, 2010.

[104] VASCONCELOS, 1935, p. 89-90.

[105] VASCONCELOS, 1935, p. 93.

[106] VASCONCELOS, 1935, p. 94.

próprio Estado. Como a escolha do bem ou do mal devia ocorrer em meio à ordem estabelecida por Deus, a prática da liberdade se daria num contexto definido pelo respeito à doutrina da Igreja e às leis do Estado, ainda que uma e outras aceitassem formalmente a necessidade das formas hierárquicas.

Mas Vasconcelos vituperou também o despotismo. A maneira como o compreendeu no campo das artes explica algo de seu pensamento. O autor de *A arte em Ouro Preto* afirmou peremptoriamente que o trabalho artístico de qualidade resultara da fusão entre despotismo e espírito religioso:

> É fora de dúvida que as belas artes nasceram do sentimento religioso. Os próprios palácios reais, cujas ruínas gigantescas deixaram-se admirar no Egito e na Assíria, tiveram razão de ser num regime teocrático em que os soberanos se impunham como personagens celestes. Devemos ao despotismo, naquelas condições, o nascimento e a expansão da arquitetura, principalmente inspirada no conceito formidável da onipotência humana revestida pelas formas que a ideia de Deus terrível e absoluto aquecia, escravizando as massas a seus representantes.[107]

Como de costume, Diogo inseria subrepticiamente em seu texto uma concepção cíclica de história, segundo a qual a gestação das sociedades implicava fases e idas e vindas. É interessante, porém, como o movimento histórico se apresenta numa linguagem artística. Algumas páginas adiante, o historiador mineiro repete, dessa vez citando não somente o Egito, mas também a China e "as ruínas das grandes cidades romanas abandonadas no fundo da Numídia e da Mauritânia": "O despotismo foi incontestavelmente o regime da arquitetura".[108] Esse vínculo entre uma forma artística e outra política em particular o levou a perguntar-se por que, em Minas, onde foram empregados os mesmos métodos do Egito e da Assíria, o despotismo construiu apenas o Palácio do Governo. Referindo-se a Mafra e à reedificação de Lisboa, chamando dom João V de "perdulário", sua explicação é a de que "o ouro e os diamantes passavam o mar".[109]

---

[107] VASCONCELOS, 1934, p. 56-7.
[108] VASCONCELOS, 1934, p. 80-1.
[109] VASCONCELOS, 1934, p. 81.

Outra forma política, contudo, desdobrou-se em modelo artístico distinto: "A arquitetura, como se vê, nascida primeiro, foi criada pelo despotismo, ao passo que a escultura só na Grécia conseguiu de costumes liberais o seu desenvolvimento".[110]

Assim, a sucessão artística da arquitetura para a escultura teria sido acompanhada pela sucessão do despotismo para costumes mais liberais. Tal raciocínio é expressivo porque demonstra que o ideal de sociedade que Vasconcelos projetava para as Minas – que, em sua formação, já haviam deixado para trás as fases antiga e média, possuindo todos os tipos de belas artes – denotava um ambiente situado além da anarquia, do despotismo, da falsa religião e de costumes excessivamente liberais. Em parte, essa síntese, como não podia deixar de ser, advinha do cristianismo:

> A pintura, entrementes, e apenas esboçada, a não ser o cristianismo teria ficado em lugar inferior, como acessório de suas irmãs, em caráter puramente decorativo, plano e uniforme, e privada dos relevos, como ainda se observa no Extremo Oriente.
>
> A figura dominante de Jesus Cristo, com as duas naturezas, a divina refletindo-se na humana, foi o sinal de partida para a redenção também da pintura. Vem dessa união o esforço da inteligência para achar pela arte a expressão da alma em figuras sensíveis; e assim generalizando, o fenômeno, os afetos, as paixões, os pensamentos, o espírito, enfim, que ainda não tinha, procurou ter na sensibilidade estética dos artistas o modo como se comunicasse aos olhos e refluísse nos sentimentos.[111]

Portanto, trata-se de uma síntese, seja política, seja artística, em que o humano e o divino se cruzam, e a alma, a doutrina e a eucaristia podem apresentar-se como figuras sensíveis, capazes, também, de conduzir os sentidos de volta à verdade sublime. Se a observação dos quadros dos prelados marianenses levou o doutor Diogo a captar a amargura, a visão pictórica de Jesus Cristo mostraria o caminho do amor que rejeita os excessos das paixões anárquicas, despóticas e liberais, pois nela se funda a autoridade – e por essa autoridade se debateu Diogo de Vasconcelos.

---

[110] VASCONCELOS, 1934, p. 57.
[111] VASCONCELOS, 1934, p. 57.

Demônios

Mas o quadro pintado pelo historiador mineiro não combinava mais com as cores do tempo. O doutor Diogo publicou suas principais obras já no período republicano. Para além da espinhosa Questão Religiosa, na década de 1870, enfrentou com dificuldade os dois primeiros anos posteriores à Proclamação, quando, em meio às eleições para as Constituintes federal e estadual, teve de lidar não mais com a oportunidade de, enfim, criar um Partido Católico, mas sim com o risco de ver seus correligionários, seguidores de dom Silvério, submergirem para sempre no jogo político que resultou no novo PRM. À medida que seu peso político decaiu, suas bandeiras se esvaziaram. Na mencionada carta de 1874, dirigida ao futuro prelado, o deputado Diogo de Vasconcelos, mencionando duas das principais obsessões católicas do período – a Questão Religiosa e o casamento civil –, afirmava:

> Não sei se está mal comigo, que há muito não tenho cartas suas. Recebi o Bom Ladrão dia 20, e como não li aí crítica alguma aos discursos que tenho pronunciado, ignoro se acaso enunciei proposições heterodoxas, que, aliás, sujeito sempre à censura católica. *Nos tempos atuais tudo é perigo.* O governo pretende fazer-nos esmaecer se não reclamarmos contra os principais sacrificados. É a política de Judas, que dá o ósculo na traição. O ministro da Justiça, hoje, na Câmara, declarou que o casamento civil seria tratado oportunamente, quando a nossa irritação der tréguas.[112]

Dezesseis anos depois, já na República, dirigindo-se ao mesmo destinatário, queixou-se: "Eu confesso que a capital (a questão) é para mim um assombro. A mudança seria arrancar os últimos fundamentos morais da ordem antiga: *o naufrágio completo do lastro tradicional.*"[113]

A Questão Religiosa, como se sabe, terminou por enfraquecer a própria Monarquia, mas não dissipou as "proposições heterodoxas". Afinal, o casamento civil, que Diogo chamava de "casamento de cachorros", foi

---

[112] AEAM. Correspondência de dom Silvério Gomes Pimenta com o doutor Diogo de Vasconcelos. Rio de Janeiro, 31 de julho de 1874. Arquivo 4, gaveta 2, pasta 8 (grifo nosso).

[113] AEAM. Correspondência de dom Silvério Gomes Pimenta com o doutor Diogo de Vasconcelos. Rio de Janeiro, 29 de julho de 1890. Arquivo 4, gaveta 2, pasta 8 (grifo nosso).

instituído com a República.¹¹⁴ A nova capital, por sua vez, foi inaugurada antes da virada do século. Com o novo regime, a Igreja e o Estado se separaram. Em parte, a opressão, que, segundo seus seguidores, este exercia sobre aquela, havia de se dissipar. Vasconcelos queixara-se veementemente do despotismo do marquês de Pombal, acusando-o de "incréu", "ateu", "truculento" e perseguidor de jesuítas.¹¹⁵ Em relação ao regente Feijó, como se viu, também não poupou críticas. Porém, em que pesem os excessos de certos estadistas, identificou historicamente o problema representado pelo próprio Padroado:

> Com a Independência e transformação do velho regime, ficaram no ar, sem raízes, que foram cortadas, as relações tradicionais da Igreja e do Estado, fundadas nos direitos da Ordem de Cristo. O Papa, solicitado pelo Imperador, separou dela o Brasil, e criou aqui um Grão-Mestrado; mas isto foi como um ramo que, separado do tronco, embora vegetasse, não deu a mesma árvore nem os mesmos frutos fora de seu clima e de suas condições naturais. A Ordem de Cristo no Brasil não passou de honorífica, e, aspirando ao Padroado, caiu no ridículo, tanto mais que bateu de revés no ponto em que a Estatolatria cesarista reclamava, em nome da majestade do povo, a bela ficção revolucionária, que propunha investir a máxima protestante ou regalista, fazendo da religião instrumento da soberania: *Cujus regio est religio.* Neste suposto, a Constituição Imperial de 1825, em referência ao provimento das Dioceses, usou do termo *nomear* Bispos, que, embora canonicamente se desse por sinônimo de apresentar, exclui a ideia direta de terceira pessoa.¹¹⁶

O raciocínio do autor, assim, alinhavava a ameaça galicana ao regalismo, "pombalesco", e este ao protestantismo.¹¹⁷ Tratava-se, novamente, da luta contra a heresia, sempre ameaçadora no vaivém da história. Ademais, a metáfora natural associava o vigor e a autoridade das instituições

---

¹¹⁴ Cf. MAGALHÃES, Basílio de. Introdução à 2ª edição. In: VASCONCELOS, 1974, v. 1, p. 36.
¹¹⁵ VASCONCELOS, 1935, p. 39, 74, 79, 89 e 117.
¹¹⁶ VASCONCELOS, 1935, p. 95.
¹¹⁷ Referindo-se ao ouvidor Caetano Furtado de Mendonça, outro desafeto de bispos, Vasconcelos assim o definiu: "Era este Ministro o que hoje se diria um espírito forte, pois já naquele tempo até mesmo em Portugal giravam ideias subversivas e lia-se às claras o Abade Raynal, em falta de outros livros. Era o prelúdio pombalesco" (VASCONCELOS, 1935, p. 39).

à preservação dos contatos com suas raízes. Nesse sentido, o que salvara a Igreja brasileira no contexto do Segundo Império fora o fato de nela não haver bispos cismáticos: "Sem bispo, o cisma ficaria no falso papel dos metodistas ou dos presbiterianos, seitas que não passam de greves do mesmo protestantismo, que, aliás, os rejeita".[118]

Eis outra ameaça dos tempos: que o corte das antigas raízes fosse tão profundo que a Igreja não apenas definhasse, mas também chegasse à inglória de perder terreno para seitas inconsequentes.

A compreensão da história segundo metáforas da natureza foi certamente uma constante romântica, bem como a sensação de inocência e abandono frente a uma realidade desconhecida e intimidadora. Daí o temor do "naufrágio completo do lastro tradicional", representado pela transferência da capital, centro das proposições positivistas. Portanto, se tudo era perigo, Diogo, feito barão do Santo Sepulcro pela Santa Sé – "merecido prêmio", segundo Basílio de Magalhães, "para quem tantos serviços prestou em nosso país à Igreja Católica"[119] – tinha, no entanto, motivos para temer. Mas qual seria a principal angústia desse letrado que, homenageado por Mário Mattos na Academia Mineira de Letras, foi carinhosamente caracterizado como quixotesco?[120] Talvez a resposta esteja no receio de que, em circunstâncias tão perturbadoras, nas quais sua atuação começava a parecer caricatural, a censura da Igreja não fosse mais suficiente para impedir que os demônios também o invadissem. Sendo o medo e o abandono temas tão patentes no período, não seria um excesso sugerir que, mesmo na pacata Mariana, Diogo de Vasconcelos tornara-se, ele mesmo, um personagem romântico.

---

[118] VASCONCELOS, 1935, p. 90.

[119] Cf. MAGALHÃES. In: VASCONCELOS, 1974, v. 1, p. 36.

[120] MATTOS, 1928, p. 183-4. Durante a sessão em que tomou posse na Academia Mineira de Letras, Mattos referiu-se a Diogo de Vasconcelos, "a quem tenho a honra de suceder nesta cadeira, que ilustrou com inteligência sorridente, com ardor combativo, com a beleza quixotesca do caráter viril e com humor fácil, que reticenciava, no vinco das observações curiosas, as tolices e os heroísmos dos homens."

Este livro foi composto com tipografia Minion Pro e impresso
em papel Pólen Soft 80 g/m² na Formato Artes Gráficas.